MARIA ELI DE QUEIROZ

MACHADO DE ASSIS E A RELIGIÃO

Considerações acerca da alma machadiana

Prefácio de Arnaldo Niskier

EDITORA IDÉIAS & LETRAS

Diretor Editorial:
Marcelo C. Araújo

Editores:
Avelino Grassi
Márcio F. dos Anjos

Coordenação Editorial:
Ana Lúcia de Castro Leite

Revisão:
Leila Cristina Dinis Fernandes
Bruna Marzullo

Diagramação e Capa:
Juliano de Sousa Cervelin

Ilustração da capa: Vista da Rua Direita, Rio de Janeiro, séc. XIX; atual Rua 1º de Março. Coleção Fadel. Óleo sobre tela. Emil Bauch.

EDITORA IDÉIAS & LETRAS
Rua Pe. Claro Monteiro, 342 – Centro
12570-000 Aparecida-SP
Tel. (12) 3104-2000 – Fax (12) 3104-2036
Televendas: 0800 16 00 04
vendas@ideiaseletras.com.br
http//www.ideiaseletras.com.br

Dados Internacionais de Catalogação na Publicação (CIP)
(Câmara Brasileira do Livro, SP, Brasil)

Queiroz, Maria Eli de
Machado de Assis e a religião: considerações acerca da alma machadiana / Maria Eli de Queiroz. – Aparecida, SP: Idéias & Letras, 2008.

Bibliografia.
ISBN 978-85-7698-026-1

1. Assis, Machado de, 1839-1908 – Crítica e interpretação 2. Religião na literatura 3. Romance – Aspectos morais e religiosos I. Título.

08-10611 CDD-869.98

Índices para catálogo sistemático:

1. Escritores brasileiros: Apreciação crítica:
Literatura brasileira 869.98

Homenagem

da autora a Machado de Assis

Bruxo nosso, que estais no Céu,
glorificado seja o Vosso Nome,
nesses 100 anos de Vossa ausência.

1908/2008

"(...) **Eu, de mim, porém, não quisera falar**
senão do seu coração e da sua alma.
(...) Não é o clássico da língua; não é o mestre da frase;
não é o árbitro das letras; não é o filósofo do romance;
não é o mágico do conto; não é o joalheiro do verso, o exemplar,
o sem rival entre os contemporâneos, da elegância e da graça,
do aticismo e da singeleza no conceber e no dizer;
é o que soube viver intensamente da arte sem deixar de ser bom.
(...) **Modelo foi de pureza e correção, temperança e doçura:**
na família, que a unidade e devoção do seu amor converteu em santuário;
na carreira pública, onde se extremou pela fidelidade e pela honra;
no sentimento da língua pátria, em que prosava como Luís de Souza,
e cantava como Luís de Camões;
na convivência dos seus colegas, dos seus amigos, em que nunca deslizou
da modéstia, do recato, da tolerância, da gentileza.
Era sua alma um vaso de amenidade e melancolia.
Mas a missão da sua existência, repartida entre o ideal e a rotina
não se lhe cumpriu sem rudeza e sem fel.
Contudo, o mesmo cálice da morte, carregado de amargura,
não lhe alterou a brandura da têmpera e a serenidade da atitude.
Poderíamos gravar-lhe aqui, na laje da sepultura,
aquilo de um grande livro cristão:
'Escreve, lê, canta, suspira, ora, sofre os contratempos virilmente,
se eu não temesse claudicar, aventurando que **as suas tribulações**
conheceram o lenitivo da prece'."

Rui Barbosa[1]

---

[1] Trecho da saudação a MACHADO DE ASSIS, no *Silogeu*, diante do caixão do fundador da ABL. (O caixão fora transportado para um coche de 1ª classe, que o aguardava à porta da casa do Cosme Velho; dali seguiu para o Silogeu, onde ficou exposto para visitação pública até o dia seguinte; depois, acompanhado por uma multidão, o esquife foi levado ao cemitério de São João Batista.)

Sumário

Prefácio

Maria Eli de Queiroz foi ganhadora de um prêmio no primeiro *Concurso Novos Talentos*, da Academia Brasileira de Letras, em 2000.

Agora, enfrenta o desafio da escrita com a produção de *Machado de Assis e a Religião*.

No trabalho, que é bastante denso, lembra aos leitores que, em 1939, quando se comemorou o centenário de nascimento de Machado, um bispo, Dom Hugo Bressane de Araújo, lançou o livro *O aspecto religioso da obra de Machado de Assis*, no qual se referiu ao nosso grande escritor como "coração de pedra que jamais gotejou lágrimas".

Reitera Bressane que "as suas obras revelam sua deficiente formação religiosa".

Disse mais, que "a ausência do sobrenatural, em Machado, é sintoma de ausência também de fé cristã".

Entretanto, o próprio Dom Hugo afirmou: "Não há provas de que o escritor fora ateu convicto".

Na Revista *Estudos de Literatura Brasileira*, em 1994, Gilda Salem Azklo praticamente ratificou a opinião de Bressane, descartando a possibilidade de uma análise no sentido de detectar algum aspecto religioso nos textos de Machado: "a religiosidade se detém no plano do profano".

Maria Eli claramente discorda das opiniões daqueles autores. Num texto muito bem elaborado, demonstra a criteriosa pesquisa sobre a qual se dedicou e chegou a conclusões bastante instigantes.

Cita: "O que nos fica, nitidamente, é que, além da iniciação religiosa, obtida pelos lábios de sua santa mãezinha, Machado sofreu influências espirituais do Padre Sarmento, nos bate-papos e lições que teve com o amigo e mestre".

Em Dom Casmurro, a autora lembra a citação: "Prometo rezar mil padre-nossos e mil ave-marias, se José Dias arranjar que eu não vá para o seminário".

Destaca entre as referências de Machado de Assis aos Evangelhos, para que seja analisada a religiosidade do Bruxo do Cosme Velho, o trecho de uma crônica publicada, no dia 14 de abril de 1895, em *A Semana*:

> Assim é que, no meio das sublimidades do livro santo, há lances que me prendem a alma e despertam a atenção dos meus olhos terrenos. Não é amá-lo menos; é amá-lo em certas páginas. Grande é a morte de Jesus, divina é a sua paciência, infinito é o seu perdão.

Ao leitor, restará a tarefa de formar a sua própria opinião, nesta obra extremamente valiosa a respeito do maior dos nossos escritores.

Rio de Janeiro, 2008.

Arnaldo Niskier
da Academia Brasileira de Letras

Apresentação

No início do século XX, precisamente em 1939, quando das comemorações do primeiro centenário do nascimento de Machado de Assis, Dom Hugo Bressane de Araújo[1] lançou um pequeno livro comentando o aspecto religioso na obra machadiana. Em suas páginas, referiu-se ao escritor chamando-lhe "coração de pedra que jamais gotejou lágrimas"; e afirmou: "O que nele atrai é apenas o aticismo castiço do estilo, a anatomia impassível de paixões burguesas". "(...) Seus livros entretêm, não elevam; ensinam a língua, não tornam mais homens" (sic).

Na sequência, o bispo comenta a iniciação religiosa do escritor, transparente nas primeiras composições literárias machadianas. Refere-se ao parco conhecimento de Machado no tocante a cerimônias e atos litúrgicos da igreja católica, e revela alguns de seus "cochilos" e "erratas" de sacristão emérito. Em certo momento, diz o crítico: "Em que cartilha se encontram bem juntinhos, no Credo, os nomes dos apóstolos S. Pedro e S. Paulo? (...) Esquecera-se que no Confiteor e não no Credo se nomeiam os dois apóstolos?!" (sic).[2]

---

[1] Araújo, Dom Hugo Bressane de. *O aspecto religioso da obra de Machado de Assis.* Rio de Janeiro, Cruzada da Boa Imprensa, 1939, p. 12.
[2] Idem, ibidem, p. 15.

Não deixa, ainda, o ensaísta, de apontar alguns "cochilos" de Machado com relação a passagens do Antigo Testamento, bem como citar erros com relação à liturgia da Igreja: "Onde, enfim, foi Machado de Assis encontrar Nehemias entre os doze profetas menores?![3]; "(...) Tudo muito bem, menos o '*Senhor, eu não sou digno*', que se pronuncia do altar; ao distribuir-se a sagrada partícula usa-se esta fórmula: '*Corpus Domini nostri*' etc."

Cremos que Dom Hugo Bressane, ao apontar as falhas de Machado com referência aos seus conhecimentos bíblicos e litúrgicos, não realizou o trabalho proposto no título do seu livro. Suas argumentações são simplistas, não havendo, na verdade, uma análise minuciosa do aspecto religioso na obra do maior escritor brasileiro. Em seu ensaio encontramos poucas e supérfluas pinceladas na literatura machadiana e muitos "piparotes" no *homem* Machado de Assis.

Na qualidade de sacerdote, ou seja, membro da direção da Igreja Católica Apostólica Romana, Dom Hugo não poderia deixar de comentar, ainda, o anticlericalismo machadiano – "que não veio do berço, mas cresceu ao longo dos anos" –, conforme iremos lembrar nos próximos capítulos. Em dado momento o bispo diz assim: "Em suas crônicas feria com o habitual humorismo o jornal católico 'Cruz' e mogou de cousas da Igreja de igual maneira que de política (...)" (sic).[4]

Porém, paradoxalmente, o bispo dedica um capítulo inteiro à defesa de Machado de Assis da alcunha de anticlerical: "De forma alguma tal asserto, por injusto, pode adquirir foros de cidade" (sic).

Continuando, Dom Hugo comenta que "as obras revelam sua deficiente formação religiosa"[5] e aponta nos textos macha-

---

[3] Idem, ibidem, p. 17.
[4] Idem, ibidem, p. 25.
[5] Idem, ibidem, p. 33.

dianos, aqui e ali, as falhas onde a deficiência mais se evidencia. Vai mais além, dizendo que a ausência do sobrenatural, em Machado, é sintoma de ausência também de fé cristã. Assim diz o crítico: "Preocupado com o mundo interior (...) cujos problemas o acabrunharam e que não lograra solucionar, visto lhe faltarem a fé e a esperança, confortadoras virtudes cristãs, Machado de Assis refugiou-se ao racionalíssimo naturista de que nascerá, mais tarde, o humanitismo de Quincas Borba" (sic).[6]

Afirmando que Machado deve às leituras de Schopenhauer o seu niilismo, Dom Hugo proclama a perniciosa influência do escritor sobre os seus leitores: "Por isso a esquisita mescla de sentimentos opostos faz que essas joias literárias de primeira água exerçam influência poderosa e quase sempre não salutar sobre os espíritos" (sic).[7]

Ainda paradoxalmente, ao se referir à posição de Machado de Assis frente ao enigma da morte, Dom Hugo afirma "não haver provas de que o escritor fora ateu convicto". E termina o seu ensaio com uma indagação e um comentário em aberto: "Compreenderia Machado de Assis que o 'nada' é nada e que Jesus é o alfa e o ômega de nossa existência? Mistério... como tantos outros na vida do imortal brasileiro".[8]

Muitos anos depois do lançamento do livro de Dom Hugo, referindo-se em um artigo à presença de textos bíblicos na obra machadiana, assim diz Gilda Salem Azklo:[9] "O escritor dá voz à tradição sem se prender a ela". Ao tratar do intercâmbio entre

---

[6] Idem, ibidem, p. 41.

[7] Idem, ibidem, p. 44.

[8] Idem, ibidem, p. 62.

[9] Szklo, Gilda Salem. "Projeções do texto bíblico em Machado de Assis", in: *Revista Estudos de literatura brasileira*. N. especial: 73-78. Rio de Janeiro, UFRJ, 1994, p. 74.

o texto bíblico e o discurso machadiano, Gilda Salem descarta a possibilidade de uma análise no sentido de detectar algum aspecto religioso nos textos de Machado de Assis, afirmando que, em sua obra, "a religiosidade se detém no plano do profano".

Leitor amigo. Pensamos de forma diferente desses autores que se pronunciaram, e tentamos buscar, ora diretamente ora no palimpsesto dos textos machadianos, os elementos que colocassem a religião, a religiosidade e a espiritualidade no mesmo patamar dos outros aspectos verificáveis na obra do autor. Segundo Helder Macedo,[10] "é possível detectar, nas entrelinhas do ostensivo pessimismo machadiano, uma profunda compaixão – e será ir longe de mais? –, a visão redentora de um mundo todo feito de negativas. *Porque a suprema sutileza artística de Machado é saber como endireitar nas entrelinhas a escrita torta de Deus*" (grifo nosso).

Essa afirmativa tão poeticamente formulada, mas ao mesmo tempo tão impregnada de cunho filosófico-religioso, foi o maior impulso que encontramos para escrever este livro, que nasceu da procura de resposta a uma indagação nossa: teria sido a intertextualidade bíblica na obra machadiana apenas um fator de interesse estético, ou seja, somente busca de nova fonte de exercício para seu humor dessacralizante? Ou seria essa inegável intertextualidade o indício de uma alma impregnada de religião, de religiosidade, de espiritualidade?!

Essa alma virá à tona nestas páginas.

Que nos perdoem os que discordarem de nosso pensamento e relevem a nossa intenção.

A autora

---

[10] Macedo, Helder. "Machado de Assis: entre o lusco e o fusco", in: *Colóquio Letras* 121/122. Lisboa, julho/dez. 1991, p. 7-24, p. 12.

Primeiro Capítulo

A AGONIA...

Ela adorava voltar àquela rua, onde crescera e morara até se casar. Parou para contemplar a natureza, tão pródiga por aquelas bandas... Esticando os olhos, pôde vislumbrar a grande curva formada pelas margens do rio das Caboclas, de leito profundo e pedregoso, separado da rua por muretas verdes que o ladeiam. Do outro lado do rio, observou que *flamboyants* de todas as cores haviam arrebentado com suas velhas raízes o calçamento de lajes de pedra; porém, talvez num pedido de desculpas ou tentativa de sanar o estrago, as árvores frondosas deixaram que caíssem as suas lindas flores a fim de cobrir de tapetes vermelhos os trincados.

Debaixo de um *flamboyant* florido, a moça declamou, com voz baixa e emocionada, a doce poesia que um amigo dedicara a ela e a seu marido Heitor:

A Francisca[1]

Nunca faltaram aos poetas (quando
Poetas são de veia e de arte pura),
Para cantar a doce formosura,
Rima canora, verso meigo e brando,

Mas eu triste poeta miserando,
Só tenho áspero verso e rima dura;
Em vão minh'alma sôfrega procura
Aqueles sons que outrora achava em bando.

Assim, gentil Francisca delicada,
Não achando uma rima em que te veja
Harmoniosamente bem rimada,

Recorrerei à Santa Madre Igreja
Que rime o nome de Francisca amada
Com o nome de Heitor, que amado seja.

Os últimos versos foram relembrados quase sem voz e, depois de um profundo suspiro, a moça seguiu a passos lentos, na doce contemplação das belezas que via de passagem. Finalmente, chegou à casa da qual estivera ausente após a morte da senhora que ali residira; o pobre do marido sobrevivera à viuvez, mas morria a cada segundo, coitado, tão doente se encontrava naqueles dias. O relógio da sala soava 15 horas, quando ela chegou ao n. 18 da Rua Cosme Velho.

---

[1] Inserto num artigo de Artur Azevedo, em *O País*, a 02/10/1908.

Francisca de Bastos Cordeiro vestia um *tailler* preto, sóbrio e elegante, em sinal de luto pelo marido, morto em 1º de fevereiro daquele ano. Veio recebê-la à porta seu irmão, Jayme, amável como sempre, e o mais dedicado enfermeiro do padrinho, o inquilino daquele chalé.

– Boa tarde, Tico! Não se importa de chamá-lo assim, como lhe apelidou o seu padrinho, pois não?! Tudo bem com você? – E sem esperar resposta, emendou: – Como está o nosso doente, hoje?

Mas o rapaz apressou-se em responder a todas as perguntas:

– Certo que não me incomodo! O título de *Barão* não me olvidou a infância, graças a Deus! – sorriu amargamente e continuou: – Eu vou indo muito bem, obrigado.

Após um pigarro nervoso, o Barão Jayme Smith de Vasconcellos continuou:

– Ele está na mesma... – e suspirando fundo: – Coitado do padrinho... faço o que posso... e também o Dr. Couto, mas... creio que ele está no fim...

O rapaz titubeou, parecendo indeciso, mas resolveu esticar a conversa à porta da casa:

– Francisquinha, vou confidenciar-lhe um particular; – olhando ao redor, como a certificar-se de que ninguém os ouvia, o rapaz falou em tom mais baixo ainda: – Ontem, a nossa irmã Guiomar, afilhada querida dele, você sabe... atreveu-se a insinuar-lhe aos ouvidos se ele não desejava conversar com um sacerdote... quem sabe receber a extrema-unção... ou a confissão...

– E ele? O que respondeu? – indagou a moça, curiosa e surpresa pela coragem de Guiomar.

– Ora, ele, muito afônico, como você sabe, pelo mal da garganta, respondeu a custo: – Não... para que... essa hipocrisia...

Os irmãos se entreolharam desolados, com tristeza mal disfarçada. Depois, sacudindo as penas do seu coração, o moço pareceu voltar de uma lembrança ruim e convidou Francisca a entrar. Tomando-lhe das mãos o chapéu e a sombrinha, os quais dependurou no cabideiro do pequeno *hall* de entrada, conduziu a senhora ao interior da casa.

Passando pelo corredor, Francisca percebeu que deveria haver pessoas na sala de visitas, que trazia a porta fechada, e, pelo jeito, tratava-se de acadêmicos ali reunidos para lamentar o mestre adoentado. Num piscar de olhos a moça bem se lembrou daquela saleta reservada, onde tantas e tantas vezes ela estivera com a mãe, amiga e confidente de D. Carolina. Havia lá dentro um sofá de palhinhas, duas cadeiras de braços e mais quatro outras sem braços, quatro pequenos dunquerques recostados nas paredes laterais e três mesinhas volantes com tampo em forma crescente – uma criação bastante graciosa da falecida. As pernas das mesas eram constituídas de carretéis vazios, de diversos tamanhos e formatos, laqueados de preto e mantidos alinhados pelos fios de ferro que os atravessavam. Bibelôs esparsos enfeitavam as mesinhas, além de alguns quadrados feitos de penas de galinhola, usados como suporte aos copos e pratos de iguarias – especialidades da anfitriã portuguesa – que outrora eram servidos às parcas visitas do casal.

Aos pés do sofá salientava-se um tapete grande, de aniagem, com bordados de desenhos geométricos e larga barra de lã preta. Nas paredes, havia uma grande litogravura de Dante e Beatriz, duas aquarelas, de Goldsmith, e fotografias de Salvador de Mendonça, Magalhães de Azeredo e Joaquim Nabuco. Sobre o sofá, admirava-se a tela de Madame Recamier, quadro a óleo do pintor Fontana, presenteado ao dono da casa por alguns de seus amigos. Outros quadros bem menores foram dispersos pelas paredes, e eram colagem de folhas secas colhidas nos túmulos de Alfred de Musset e outros poetas estrangeiros. Lembranças que eram de viagens, ofertadas pelos amigos.

Chegada à sala de jantar, a quase penumbra do ambiente obrigou a moça a abrir mais os olhos, à procura das pessoas que esperava encontrar ali: Guiomar, sua irmã; Eugênia, sua mãe; e Baby de Alencar, nora do escritor José de Alencar. De fato, as três mulheres se encontravam sentadas a um canto da sala de jantar, em silêncio. Perto delas, junto à janela, um grupo de senhores conversava em voz baixa. Francisca reconheceu José Veríssimo, Mário de Alencar, Afrânio Peixoto. De outros dois ela não pode vislumbrar os rostos, visto permanecerem de costas quando ela passou por eles a caminho da salinha onde se acomodara o doente.

Diversos tapetinhos guarneciam as portas daquela sala grande; de forma ovalada, foram tecidos por D. Carolina com tranças de lã grossa, vermelha, cinza e preto. Também nas janelas e portas, as cortinas-reposteiros de linho pardo com entremeio e ponta de crochê de barbantes lembravam as prendas domésticas da decoradora da casa – D. Carolina; esta, há muito se fora, deixando no coração do marido a mais pungente dor e uma grande desolação.

A visita de Francisca seria breve, pois o doente não estava em condições de entabular uma prosa, tamanho era o agravo do mal que o consumia. Fraco, achava-se impedido de subir as escadas que conduziam ao andar superior. Lá se localizava o quarto do casal seguido pelo quarto de vestir. À esquerda do patamar, o escritório; agora esvaziado do calor humano, aguardava pela saúde do dono. Era ali que ele se punha a ler e a escrever, hábito deixado de lado pelas circunstâncias, embora isso lhe causasse muito desgosto. Há uma semana o doente passara a ocupar a saleta de costuras da falecida, organizado perto da sala de jantar.

Após a morte de D. Carolina, em seu ateliê fora colocada uma cama de ferro, tendo à cabeceira uma mesinha com os remédios usuais do enfermo: água de Vichy, Nux-Vomica, aquina amarela em pó gasoso, calcarea, tribometo, além de um pacote de algodão e um frasco contendo água oxigenada de Oakland. Afastadas do leito, havia duas cadeiras retiradas da mobília da sala de jantar; eram destinadas ora ao acompanhante da noite, ora às visitas, ou serviam ao descanso do médico – Dr. Miguel Couto – que assiduamente prestava assistência ao doente.

Francisca foi conduzida ao pequeno quarto improvisado. Tudo ali evocava a vigília e a oração. Aproximando-se com cautela do leito, a moça observou o rosto já cadavérico que repousava no travesseiro. Ela estendeu a mão ao amigo e, procurando conter a emoção, reteve entre as suas aquela mão esquálida. Buscou ostentar naturalidade, quando fez a pergunta:

– Não saio de casa, desde que enviuvei, como o senhor sabe; mas vim vê-lo; estava com saudades suas. – E forçando um sorriso, pergunta dengosa: – E o senhor? Não tinha saudades minhas?

O olhar expressivo era o que restava de vida naquele rosto sofrido. Com infinita tristeza na voz e no olhar, ele apenas murmurou, com voz entrecortada:

– E eu... estou com saudades... da vida...

Fez-se um angustiante silêncio, cortado apenas pelos passos de Baby Alencar, que se postara à porta do quarto a tempo de ouvir a tristonha resposta do quase moribundo. Francisca sentou-se em uma das cadeiras e olhou para a amiga que chegara. Entreolharam-se com sentimento de dó infinito, apiedadas daquela inteligência lúcida que se manifestara com tanta vontade de viver. Entrando, Baby recostou a porta que Francisca, descuidada, deixara aberta e sentou-se ao lado dela. Alguns minutos se passaram até que alguém, entreabrindo a porta do quarto, anunciou algo de extraordinário:

– O Barão do Rio Branco acaba de chegar. Veio vê-lo...

Imediatamente, o anúncio da visita ilustre provoca um inesperado esforço no doente, que se sentou no leito para receber condignamente o Barão. Este chega, entra visivelmente perturbado e cumprimenta as senhoras. Traz no olhar inquieto a denúncia da pressa de voltar. Dá dois ou três passos em direção ao leito e aperta levemente a mão do enfermo que, ao sentar-se com grande esforço, espera o tão afetuoso abraço do Barão; um hábito antigo, de quando se encontravam outrora. Mas, para seu grande desgosto, isto não aconteceu. Mal dissimulando o desconforto, Rio Branco diz apenas:

– Então, que é isto, amigo? Está melhor, não é? Amanhã voltarei a vê-lo.

Em seguida, sem esperar resposta e fingindo não ter visto a cadeira que lhe ofereciam, trazida de lá da sala, o "medalhão" retirou-se apressado. Cercado pelos que o acompanhavam, Rio Branco disse alguma coisa a algum deles em voz tão baixa que, do quarto, as senhoras nada ouviram. Porém, do corredor lhes chegou o barulho da torneirinha que se abrira na pia colada à parede do quarto, e logo em seguida uma voz alta pediu, apressada:

– Uma toalha limpa, para o Barão!

O enfermo, a quem não escaparam os detalhes do ruído vindo de lá de fora, deixou-se cair pesadamente no leito e voltou o rosto para a parede, num gesto de mágoa e pudor de quem esconde a dolorosa face diante da humilhação inesperada.

Observando aquela cena tão pungente, Francisca de Basto Cordeiro[2] escreveria, muitos anos mais tarde, ao se lembrar do amigo: "A eloquência muda do silêncio ressoou naquela saleta onde morria um homem humilde a quem o Gênio osculara a fronte. (...) Não falou mais. A matéria continuava, palpitante ainda, mas *Machado de Assis* deixara de existir".

Naquela sua derradeira noite na Terra – 28 de setembro de 1908 –, como se fora para compensar a humilhação do enfermo, outra visita inesperada chegaria, conforme narrativa de Euclides da Cunha,[3] em seu livro de memórias: "... ouviam-se umas tímidas pancadas na porta principal da entrada. Abriram-na. Apareceu um desconhecido: um adolescente de dezesseis a dezoito anos no máximo. Perguntaram-lhe o nome, declara ser desnecessário dizê-lo: ninguém ali o conhecia, não conhecia por sua vez ninguém: não conhecia o próprio dono da casa, a não ser pela leitura dos livros que o encantavam... Que o desculpassem, portanto. Se não lhe era dado ver o enfermo dessem-lhe ao menos notícia certa de seu estado. E o anônimo juvenil vindo da noite foi conduzido ao quarto do doente. Chegou. Não disse uma palavra. Ajoelhou-se. Tomou a mão do mestre: beijou-a num belo gesto de carinho filial. Aconchegou-a depois por momentos ao peito. Levantou-se e, sem dizer uma palavra, saiu".[4]

---

[2] CORDEIRO, Francisca de Basto. *Machado de Assis na intimidade*. Rio de Janeiro, Editora Pongetti, 1965. Vêm desse livro e das cartas de Machado as informações que compuseram este capítulo.

[3] Cf. COSTA, Pedro Pereira da Silva. "Machado de Assis", in *A vida dos grandes brasileiros*, supervisão de Afonso Arinos de Mello Franco. Rio de Janeiro, Editora Três, 1974.

[4] Foram testemunhas dessa visita, além de Euclides da Cunha, Mário de Alencar, José Veríssimo, Raimundo Corrêa, Graça Aranha e Coelho Neto, segundo R. Magalhães Jr. em *Vida e obra de Machado de Assis*. Vol. 4, Rio de Janeiro, Civilização Brasileira, 1981. O nome do jovem foi descoberto e revelado, anos depois: Astrojildo Pereira; o rapaz tornar-se-ia um dos escritores que estudaram a obra machadiana.

Ao raiar da madrugada seguinte, no dia 29 de setembro de 1908, Machado de Assis exalou o último suspiro de dor e partiu ao encontro da esposa morta:

> (...) Tudo me lembra a minha meiga Carolina. Como estou à beira do eterno aposento, não gastarei muito tempo em recordá-la. **Irei vê-la**, ela me esperará.

Se para ele a viagem derradeira seria ao encontro da esposa que o precedera na morte, é porque, interiormente, aquele espírito acreditava na imortalidade da alma e na morada eterna, embora o exterior o negasse...

Segundo Capítulo

O MENINO É PAI DO HOMEM[1]

Joaquim Maria Machado de Assis era filho de Francisco José de Assis, mulato forro, carioca, neto de escravos, cuja profissão era de "pintor decorador, encarregado também dos trabalhos de estuque e de douração nas casas-grandes".[2] Na escala social, o trabalhador se encontrava numa posição média, uma vez que exercia uma atividade remunerada e de certa forma artística, além do fato de saber ler e escrever. Gostava tanto da leitura que foi assinante do *Almanaque Laemmert* por dois anos.

A mãe de Machado era Maria Leopoldina Machado de Assis (em solteira Machado da Câmara), nascida em Ponta Delgada, cidade da ilha de São Miguel, no arquipélago dos Açores. Viera para o Brasil ainda criança, acompanhando seus pais.[3] O casal se conheceu

[1] Tradução machadiana do verso de Woodsworth, em *Ode à Imortalidade*. Capítulo de *Memórias póstumas de Brás Cubas*.

[2] Informação colhida em Gondim, Eunice Ribeiro. "Vida e obra de Paula Brito", apud Jean-Michel Massa, em *A juventude de Machado de Assis*, Rio de Janeiro, Civilização Brasileira, 1971, p. 57.

[3] As opiniões divergem com relação à data de sua chegada ao Brasil. É bom ressaltar que a moça era branca, e não negra, como afirmam alguns estudiosos da vida de Machado de Assis.

na quinta de D. Maria José de Mendonça Barroso Pereira, mulher de origem portuguesa; uma viúva muito rica, que dominava o morro do Livramento. O moço, chamado ao palacete para prestar seus serviços, enamorou-se de Maria Leopoldina, recatada rapariga que servia à família ocupando-se de costuras, bordados, além de outras tarefas caseiras. Também ela sabia ler e escrever.

A imensa chácara ocupava toda a colina, estendendo-se por um lado até o mar e, pelo outro, quase tocando o Campo da Aclamação (atual Campo de Santana). O casamento dos serviçais, abençoado pela matriarca, foi realizado na capela particular da casa-grande, pelo Padre Antônio Joaquim Cruvelo. Francisco José fora batizado na catedral do Rio de Janeiro; em 1838, ele pediu autorização à igreja do Santíssimo Sacramento para se casar na capela do morro, então sob jurisdição daquela igreja. Nessa mesma capela, dedicada a Nossa Senhora do Livramento, decorridos dez meses e dois dias após o casamento, foi batizada a criança que levou o nome de Joaquim Maria Machado de Assis, assim chamada em homenagem aos padrinhos: Joaquim Alberto de Sousa da Silveira – funcionário efetivo do Paço Imperial e genro da matriarca – e ela mesma, D. Maria José. O celebrante, desta feita, foi o Padre Narcizo José de Moraes Marques. O registro do batizado está na folha 167 do livro n. 8, da paróquia de Santa Rita:

Aos treze dias do mes de Novembro de mil oitocentos e trinta a nove annos, na Capella da Senhora do Livramento filial a esta Matriz com Provizão do Illustrissimo e Reverendissimo Monsenhor, e Vigário Capitular Narcizo da Silva Nepomuceno, e minha licença, o Reverendo Narcizo José de Moraes Marques baptizou, e pos os santos Óleos a Joaquim, innocente, filho legítimo de Francisco José de Assis e Maria Leopoldina Machado de Assis, elle natural desta Corte, e ella da Ilha do Faial, digo, ella da Ilha de São

Miguel: forão padrinhos o Excellentissimo Viador Joaquim Alberto de Souza da Silveira e Dona Maria Jozé de Mendonça Barrozo, nasceo aos vinte e hum de Junho do prezente anno: de que fis este assento. O Vigr° Jozé Francisco da Silva Cardoso.[4]

Estava, assim, sacramentada a religião para a criança: o catolicismo. Se ele faria jus a esse batizado de iniciação religiosa, somente o futuro o diria... Mas, continuemos, amigo leitor.

Os pais de Machado de Assis passaram a residir na chácara de D. Maria José, pois pertenciam à classe dos agregados considerados superiores aos escravos. Sabendo ler e escrever, Maria Leopoldina por certo transmitiu ao filho, Joaquim Maria, todo o seu conhecimento, e há quem estabeleça certo paralelismo entre a caligrafia da mãe (documentada nos papéis de casamento) e do menino. Por certo a perda da mãe, aos nove anos e sete meses, marcou profundamente o coração daquela criança. Assim que o adolescente inicia a sua poesia, obedecendo à veia poética que se manifestara nele muito cedo, uma das primeiras pessoas a serem lembradas em versos é a figura materna. No dia 16 de fevereiro de 1856, a *Marmota Fluminense* publica esse poema:

O Meu Viver

Chama-se a vida a um martírio certo
Em que a alma vive se morrer não pode,
É crer que há vida p'ra o arbusto seco,
Que as folhas todas para o chão sacode.

---

[4] Copiado do livro *A vida dos grandes brasileiros – Machado de Assis*, com texto de Pedro Pereira da Silva Costa, supervisão de Afonso Arinos de Mello Franco, publicação da Editora Três, 1974, tomo 5.

Dizer que eu vivo... e minha mãe perdi,
Minha alma geme e o coração de amores,
É crer que um filho, sem a mãe... sozinho,
Também existe, com pungentes dores.

Dizer que vivo, se ausente existe,
Da amante terna, tão formosa e pura,
É crer que triste desgraçado preso
Vive também lá na masmorra escura.

Quero despir-me desta vida má,
Quero ir viver com minha mãe nos céus,
Quero ir cantar os meus amores todos,
Quero depois em ti pensar, meu Deus!

Logo depois, precisamente a 15 de abril de 1856, seria a vez de *Saudades*, também um grito de dor pela ausência da mãe:

Chora meu coração, minh'alma geme
De saudades de ti, minha querida;
Já não posso no mundo ter prazer,
Já o meu coração não tem mais vida.

Tenho de ti saudade, só lastimo
Ter cedo minha mãe perdido a vida;
Choro tanto por ela... por ti sofro
Minha vida, mulher, é tão sentida!...

Tenho de ti saudades, da tua imagem;
Qual o exilado só, em terra estranha,
Eu cedo morrerei, pressinto n'alma;
Não se pode viver com dor tamanha.

Parece que no céu bem negra nuvem
Já marcou meu destino pelo mundo!
Tenho de ti saudades, ó meu anjo,
No meu peito o pesar é tão profundo!

Se perdi minha mãe sendo tão moço,
Se padeço de ti tanta saudade,
Não posso existir no mundo triste;
É melhor eu morrer já nesta idade!

Mas a saudade era contínua e, a 29 de julho de 1856, o pobre garoto volta a escrever versos a Maria Leopoldina – *Lágrimas* – com o subtítulo *À memória de minha mãe*:

Há uma dor que não se apaga d'alma,
Lágrima triste que pendente existe
Da face do infeliz:
É o gemido que mata e não se acalma,
Que torce o coração, e se persiste
A existência maldiz.

Essa dor eu senti quando vi morta
Minha tão terna mãe... perdão, meu Deus,
Se quero já morrer;
Esta vida de dor perder que importa?
Quero com minha mãe morar nos céus,
Com os anjos ir viver.

Eu perdi minha mãe... era uma santa,
Que tinha a minha vida neste mundo,
Minh'alma e meu amor;
E foi o meu pesar, minha ânsia tanta,
Que a vida quis deixar num ai profundo,
Morrer também de dor.

Só lágrimas de sangue eu sinto agora
Afogaram-me os olhos, e o martírio
Emurcheceu-me a vida;
Eu tenho pouca idade, mas embora,
Sente apagar-se da existência o círio
Minh'alma amortecida.

Maldigo minha vida, por seu filho
A minha pobre mãe chama nos céus
Quando eu rezo por ela;
Choro vendo que só no mundo trilho;
Quero com minha mãe viver, meu Deus,
No céu, bem junto dela!

Note-se que os versos, desta vez, apresentam-se entremeados de expressões da religiosidade da criança: "perdão, meu Deus...", "chama nos céus...", "quando eu rezo por ela...", "com minha mãe viver, meu Deus, no céu...".

Porém, a poesia que mais traduz a influência da mãe sobre o filho é *Minha Mãe*, que a *Marmota Fluminense* publicou a 2 de setembro de 1856:

Minha Mãe
(imitação de Cowper)[5]

Quanto eu, pobre de mim! Quanto eu quisera
Viver feliz com minha mãe também!
C. A. de Sá[6]

Quem foi que o berço me embalou da infância
Entre as doçuras que do empíreo vêm?
E nos beijos de célica fragrância
Velou meu puro sono? Minha mãe!
Se devo ter no peito uma lembrança
É dela que os meus sonhos de criança
Dourou: – é minha mãe!

Quem foi que no entoar canções mimosas
Cheia de um terno amor – anjo do bem –
Minha fronte infantil encheu de rosas
De mimosos sorrisos? – Minha mãe!
Se dentro de meu peito macilento
O fogo da saudade arde lento
É dela: – minha mãe!

Qual o anjo que as mãos que me uniu outrora
E as rezas me ensinou que da alma vêm?
E a imagem me mostrou que o mundo adora
E ensinou a adorá-la? – Minha mãe!

[5] Trata-se do poeta inglês William Cowper.
[6] Carlos Augusto de Sá, português radicado no Brasil, na época.

Não devemos nós crer num puro riso
Desse anjo gentil do paraíso
Que chama-se uma mãe?

Por ela rezarei eternamente
Que ela reza por mim no céu também;
Nas santas rezas do meu peito ardente
Repetirei um nome: – Minha mãe!
Se devem louros ter meus cantos d'alma
Oh! do porvir eu trocaria a palma
Para ter minha mãe!

É notória a religiosidade presente nos versos da poesia, sendo a maior prova o cotejo que o autor estabelece entre a figura materna e o anjo tutelar. Alude, ainda, à existência do paraíso, local que possivelmente acolhera a angelical mulher após sua morte. A pictórica lembrança infantil – a mãe unindo-lhe as mãozinhas enquanto de seus lábios saíam as primeiras orações a serem repetidas e aprendidas pela criança – evoca um quadro de extrema piedade e religião. Na última estrofe da poesia, a promessa de rezas eternas à mãe e o anseio por retribuição de tão sentidas preces, sem dúvida alguma, revelam a crença no poder da oração.

Registraram-se, ainda, em abril de 1856, versos que Machado de Assis compusera em homenagem à sua irmã, morta aos quatro anos de idade. Repare-se que a epígrafe escolhida, desta feita, por si só apresenta-se impregnada de crença na existência de uma vida sobrenatural, após a morte.

Um Anjo

À memória de minha irmã

Se deixou da vida o porto
Teve outra vida nos céus.
A. E. Zaluar

Foste a rosa desfolhada
Na urna da eternidade,
P'ra sorrir mais animada,
Mais bela, mais perfumada
Lá na etérea imensidade.

Rasgaste o manto da vida,
E anjo subiste ao céu
Como a flor enlanguescida
Que o vento pô-la caída
E pouco a pouco morreu!

Tu'alma foi um perfume
Erguido ao sólio divino;
Levada ao celeste cume
C'os Anjos oraste ao Lume
Nas harmonias dum hino.

Alheia ao mundo devasso,
Passaste a vida sorrindo;
Derribou-te, ó ave, um braço,
Mas abrindo asas no espaço
Ao céu voaste, anjo lindo.

Esse invólucro mundano
Trocaste por outro véu;
Deste negro pego insano
Não sofreste o menor dano
Que tu'alma era do Céu.

Foste a rosa desfolhada
Na urna da eternidade
P'ra sorrir mais animada,
Mais bela, mais perfumada
Lá na etérea imensidade.

A menina foi comparada a um anjo, figura de recorrência na poesia do autor, no intuito de metaforizar a pureza. O céu, a eternidade, a alma, os anjos, todas essas figuras tornam-se núcleos dos versos singelos, que deixam transparecer o sentimento do poeta: mescla de tristeza e esperança de um porvir risonho.

Mas as homenagens se sucederiam. A 30 de setembro de 1856, Machado publicou um trabalho em prosa intitulado *Página Íntima* – dividido em três partes; nele, observa-se outra referência a Maria Leopoldina. Mais uma vez são páginas carregadas de crença na existência da alma:

> (...) Ah! Muitos beijos me dava então! (...) Um dia, minha mãe adoeceu; fiquei triste, desprezei meus brinquedos, e talvez mesmo chorasse (...). Por fim, minha mãe morreu; então a minha dor foi tão grande como o gemido último do peito de minha pobre mãe, minhas lágrimas foram tantas como as saudades do meu coração! (...) É uma dor que está sempre comigo, assim como o corpo vive com a alma; é uma lágrima que está sempre molhando os meus olhos, é uma saudade eterna no meu coração. E só um dia, quando eu morrer, é que hei de deixar de lembrar-me de minha mãe (...).

Encontram-se ainda, nessa oratória tão singela, um apelo a Deus e o desejo da morte. Sem dúvida o verso que se encontra na segunda parte da publicação – intitulada *Minha Vida* – expressa os lamentos do poeta na invocação da morte que o libertaria da saudade da mãe; revela a crença numa entidade superior: "Desejo tanto morrer, meu Deus!". Já na última parte de sua página intimista, ele confessa amar muito uma mulher (a mãe): "Bela como um pensamento de Dante, linda como o brilho de uma estrela, como a cor das flores mais bonitas: é talvez o retrato de um anjo que vive junto de Deus".

Voltemos a Maria Leopoldina. A condição de mulher favorecida, ou seja, o fato de ser alfabetizada, numa sociedade semianalfabeta, colocava a açoriana em posição de grande vantagem. Ela privava da amizade da comadre e patroa – D. Maria José – e o laço que uniu as duas mulheres parece ter sido muito forte, uma vez que ambas foram enterradas lado a lado, no Convento dos

Religiosos de Santo Antônio. Certo é que a infância de Joaquim Maria foi vivida amorosamente junto à madrinha, que certamente foi muito amiga também do afilhado. De acordo com Sara Costa – sobrinha de Machado de Assis pelo lado de D. Carolina, sua esposa – "devia ser muito forte o sentimento que o uniu a D. Maria José e, através dela, à casa do Livramento, uma vez que ele a ela se referia com elogios e gratidão".[7]

Em uma de suas lembranças, na crônica do dia 28 de maio de 1885, publicada na Gazeta, o escritor diz assim:

> Eu, em criança, ouvi contar a anedota de uma casa que ardia na estrada. Passa um homem, vê perto da casa uma pobre velhinha chorando e pergunta-lhe se a casa era dela. Responde-lhe a velha que sim. – Então, permita-me que acenda ali o meu charuto.

Essa anedota tem função de caráter religioso: alude à falta de caridade – virtude teologal apregoada pela Igreja Católica. E, provavelmente, foi ouvida pelo menino Machado de Assis, advinda dos lábios da mãe ou da madrinha.

Em várias ocasiões o cronista evocou a sua infância, principalmente as lembranças ligadas aos sinos das igrejas:

> Eu fui criado com sinos, com estes pobres sinos das nossas igrejas. Quando um dia li o capítulo dos sinos em Chateaubriand, tocaram-me tanto as palavras daquele grande espírito, que me senti (desculpem a expressão) um Chateaubriand desencarnado e reencarnado.[8]

---

[7] Declaração feita a Lúcia Miguel-Pereira, biógrafa de Machado de Assis, cf. Jean-Michel Massa. *Op. cit.*

[8] *A Gazeta de Notícias*, 1892.

O autor voltaria a relembrar os sinos em algumas de suas crônicas. Vejamos mais uma (06/11/1892):

> Nós mamamos ao som dos sinos, e somos desmamados com eles; uma igreja sem sino é, por assim dizer, uma boca sem fala.

O gosto pelo som dos badalos com certeza vem do fato de que, do morro do Livramento, ouviam-se todos os acordes das igrejas lá de baixo, aos seus pés. Há quem afirme que essa admiração pelos sinos possa testemunhar que o menino Joaquim Maria foi sacristão, e os adeptos dessa ideia citam a igreja da Lampadosa como lugar dessa atividade. Tudo indica que ali o menino possivelmente foi coroinha, mas não sacristão, uma vez que não há registros desse fato naquela igreja. Sacristão ou coroinha, a verdade é uma só: Machado foi iniciado na religião católica e por certo tempo a professou, talvez até com piedade e fidelidade aos princípios canônicos da igreja.

Em outra ocasião, precisamente em 06/11/1892, Machado de Assis critica veementemente a arquitetura da Igreja Matriz da Glória:[9]

> Domingo passado, enquanto esperava a chamada dos eleitores, saí à praça do Duque de Caxias (vulgarmente Largo do Machado) e comecei a passear defronte da igreja matriz da Glória. Quem não conhece esse templo grego, imitado da Madalena,[10] com uma torre no meio, imitada de cousa nenhuma? A impressão que se tem diante daquele singular conúbio, não é

---

[9] Essa igreja já fora citada pelo cronista, em crônica de 1877, conforme veremos no capítulo seguinte.

[10] Igreja da Madalena, em Paris, que tem a forma de um templo grego.

> cristã nem pagã; faz lembrar, como na comédia, "o casamento do Grão-Turco com a república de Veneza". Quando ali passo, desvio sempre os olhos e o pensamento. Tenho medo de pecar duas vezes, contra a torre e contra o templo, mandando-os ambos ao diabo, com escândalo da minha consciência e dos ouvidos das outras pessoas.

Lembremos, ainda, que o menino ouvia sempre os adultos mencionarem alguns párocos e alguns bispos em suas conversas, conforme ele mesmo relembra, na crônica publicada em *O Cruzeiro*, no ano de 1878:

> Monsenhor Reis era um dos sacerdotes mais populares entre nós; ele, o Mont'Alverne,[11] Monsenhor Marinho, frei Antônio, o franciscano, foram os nomes que a nossa infância ouviu pronunciar com mais frequência e veneração, sem esquecer o bispo, o excelso Conde de Irajá. Quase todos se foram, por aquela mesma e única porta. O que se retirou esta semana honrou o hábito que vestiu e a Igreja de que foi ornamento e lustre – soube ser caridoso e útil, pacífico e bom.

Assim, sem dúvida, o garoto cresceu no morro entre gente religiosa que se encarregou de iniciá-lo nas escrituras sagradas. Uma delas foi, possivelmente, o Padre Antônio José da Silveira Sarmento, professor muito conceituado, na época, que teria contribuído para a formação de seu espírito, segundo alguns biógrafos do autor. Certa vez o poeta confessara que, durante um ano, o sacerdote lhe fora "um modesto preceptor e um agradável companheiro"; Machado lhe faria uma homenagem, mais tarde, dedicando-lhe dois poemas:

---

[11] Frei Francisco de Mont'Alverne: orador sacro da ordem franciscana, o maior de seu tempo.

A Morte no Calvário

Ao meu amigo, o padre Silveira Sarmento

Consummatum est!

I

Ei-lo, vai sobre o alto Calvário
Morrer piedoso e calmo em uma cruz!
Povos! naquele fúnebre sudário
Envolto vai um sol de eterna luz!

Ali toda descansa a humanidade;
É o seu salvador, o seu Moisés!
Aquela cruz é o sol da liberdade
Ante o qual são iguais povos e reis!

Povos, olhai! – As fachas mortuárias
São-lhe os louros, as palmas, e os troféus!
Povos, olhai! – As púrpuras cesáreas
Valem acaso em face do Homem-Deus?

Vede! mana-lhe o sangue das feridas
Como o preço da nossa redenção.
Ide banhar os braços parricidas
Nas águas desse fúnebre Jordão!

Ei-lo, vai sobre o alto do Calvário
Morrer piedoso e calmo em uma cruz!
Povos! naquele fúnebre sudário
Envolto vai um sol de eterna luz!

II

Era o dia tremendo do holocausto...
Deviam triunfar os fariseus...
A cidade acordou toda no fausto,
E à face das nações matava um Deus!

Palpitante, em frenético delírio
A turba lá passou; vai imolar!
Vai sagrar uma palma de martírio,
E é a fronte do Gólgota o altar!

Em derredor a humanidade atenta
Aguarda o sacrifício do Homem-Deus!
Era o íris no meio da tormenta
O martírio do filho dos Hebreus!

Eis o monte, o altar do sacrifício.
Onde-se vai operar-se a redenção.
Sobe a turba entoando um epinício
E caminha com ela o novo Adão!

E vai como ia outrora às sinagogas
As leis pregar do Sião e do Tabor!
É que no seu sudário as alvas togas
Vão cortar os tribunos do Senhor!

Planta-se a cruz. O Cristo está pendente;
Cingem-lhe a fronte espinhos bem mortais;
E cospe-lhe na face a turba ardente,
E ressoam aplausos triunfais!

Ressoam como em Roma a populaça
Aplaudindo o esforçado gladiador!
É que são no delírio a mesma raça,
A mesma geração tão sem pudor!

Ressoam como um cântico maldito
Pelas trevas do século a vibrar!
Mas as douradas leis de um novo rito
Vão ali no Calvário começar!

Sim, é a hora. A humanidade espera
Entre as trevas da morte e a eterna luz;
Não é a redenção uma quimera,
Ei-la simbolizada nessa cruz!

É a hora. Esgotou-se a amarga taça;
Tudo está consumado; ele morreu,
E aos cânticos da ardente populaça
Em luto a natureza se envolveu!

Povos! realizou-se a liberdade,
E toda consumou-se a redenção!
Curvai-vos ante o sol da Cristandade
E as plantas osculai do novo Adão!

Ide, ao som das sagradas melodias,
Orar junto do Cristo como irmãos,
Que os espinhos da fronte do Messias
São as rosas da fronte dos cristãos!

Monte Alverne

Ao padre-mestre A. J. da Silveira Sarmento

Morreu! – Assim baqueia a estátua erguida
No alto do pedestal;
Assim o cedro das florestas virgens
Cai pelo embate do corcel dos ventos
Na hora do temporal...

Morreu! – Fechou-se o pórtico sublime
De um paço secular;
Da mocidade a romaria augusta
Amanhã ante as pálidas ruínas
Há de vir meditar!

Tinha na fronte de profeta ungido
A inspiração do céu.
Pela escada do púlpito moderno
Subiu outrora festival mancebo
E Bossuet desceu!

Ah! que perdeste num só homem, claustro!
Era uma augusta voz,
Quando essa boca divinal se abria,
Mais viva a crença dissipava n'alma
Uma dúvida atroz!

Era tempo? – A argila se alquebrava
Num áspero crisol;
Corrido o véu pelos cansados olhos
Nem via o sol que lhe contava os dias,
Ele – fecundo sol!

(...)

O que hoje resta era a terrena púrpura
Daquele gênio-rei;
A alma voou ao seio do infinito,
Voltou à pátria das divinas glórias
O apóstolo da lei.

(...)

Morreu! – Assim baqueia a estátua erguida
No alto do pedestal;
Assim o cedro das florestas virgens
Cai pelo embate do corcel dos ventos
Na hora do temporal!

A primeira poesia referida foi publicada a 24 de abril de 1858, numa Semana Santa; traduz o conhecimento que Machado tinha das escrituras sagradas e a crença nas informações obtidas acerca da morte de Jesus Crucificado. O autor deixa transparecer o seu profundo respeito ao Filho de Deus e conclama os povos a assim também procederem, o que é verificável nos constantes apelos das formas verbais do imperativo. Recordando a morte de Cristo no Calvário, o poeta tenta suscitar a reflexão, das mais piedosas, sobre o sofrimento do filho de Deus, imolado para a salvação da humanidade pecadora. Afirma não ser "a redenção uma quimera", uma vez simbolizada pela cruz, e segue além, na exortação dos povos à oração "junto ao Cristo como irmãos". Assim, de cada etapa do Calvário ele retira e propaga uma lição moralista.

Com relação à segunda poesia ofertada ao amigo padre, sabe-se que os versos nasceram de uma homenagem do poeta a Frei

Francisco de Mont'Alverne, franciscano, que tendo ficado cego retirara-se do púlpito; no entanto, a pedido do jovem Imperador D. Pedro II, ele volta às pregações na velhice, aos 70 anos; embora muito doente, ainda se mantinha excelente orador sacro.

Em uma de suas publicações em prosa, na *Marmota Fluminense*, seção intitulada *Ideias Vagas*, Machado já fizera uma apologia ao frei, na qual se encontra essa invocação: "Religião, inspirai-me!". E seguem-se os elogios ao franciscano:

> Monte Alverne – quer dizer – uma glória do Brasil, um primor do púlpito, um Bossuet nascido nas plagas brasileiras e inspirado na solidão do claustro (...). Vêde-o no fundo de uma cela sombria e humilde, pálido e abatido pela idade e pelos sofrimentos, vêde-o ali com a mais severa humildade. É um inspirado de Deus.

Depois da eloquência a Mont'Alverne, o autor conclama, em sua oratória:

> Olhai-o! Contemplai aquela nobre fronte empalidecida pelos anos, e pela disciplina, iluminada pelo gênio e pela fé; deixai-vos impressionar por todas as ideias que essa contemplação vos lançar na imaginação, e reconhecei nele o homem virtuoso, eloquente, admirável, a expressão mais sublime da grandeza de Deus!

É provável que essa apologia de Machado ao frei franciscano tenha obedecido ao incentivo de seu grande amigo e mestre, o Padre Antônio José Silveira Sarmento, quando Mont'Alverne ainda vivia. Conclui-se, então, que a poesia dedicada "Ao Padre Mestre A. J. da Silveira Sarmento", publicada no *Jornal do Comércio* a 6 de dezembro de 1858, ou seja, quatro dias após a morte do sacerdote amigo, possa ser uma intertextualidade com a prosa que fora escrita dois anos e meio antes. Comentando essa passagem, assim se pronuncia a respeito Jean-Michel Massa:[12] "Desta forma, a religião não se separava da literatura. Ao contrário, Monte Alverne, segundo o exemplo de Chateaubriand, em quem se inspirava neste ponto, as reconciliou. Machado de Assis aceitava a aproximação, porquanto este texto sobre o pregador brasileiro finalizava uma série de estudos literários. Não há dúvida alguma de que, aos dezessete anos, o jovem escritor não havia ainda perdido a fé de sua infância. Suas crenças religiosas, embora vagas – tanto quanto as da maioria de seus companheiros – não eram menos sinceras".

O que nos fica, nitidamente, é que, além da iniciação religiosa, obtida pelos lábios de sua "santa mãezinha", Machado sofreu influências espirituais do Padre Sarmento, nos bate-papos e lições que teve com o amigo e mestre. Um dos relatos mais significativos da iniciação religiosa do menino Joaquim Maria talvez seja a anedota que o cronista inseriu em sua crônica na *Gazeta*, em 1895. Nela, o humor machadiano perpassa o conhecimento bíblico dado no catecismo e, por que não dizer, deixa entrever uma confissão velada de sua inteligência precoce:

> As pessoas que foram crianças não esqueceram decerto a velha questão que se lhes propunha sobre qual nasceu primeiro, se o ovo, se a galinha. Eu, cuja astúcia era então igual, pelo menos, à de Ulisses, achava uma solução ao problema, dizendo que quem primeiro nasceu foi o galo. Replicaram-me que não era isto, que a questão era outra, e repetiam os termos dela, muito explicados. Debalde citava eu o caso de Adão, nascido antes de Eva e de Caim; fechavam a cara e tornavam ao ovo e à galinha.

[12] MASSA, Jean-Michel. *Op. cit.*

Quanto ao morro, possivelmente Machado adulto fez uma evocação do tempo ali vivido,[13] no capítulo CXXI de *Memórias Póstumas*, colocando nas lembranças de Brás Cubas as suas próprias: "O morro estava ainda nu de habitações, salvo o velho palacete do alto, onde era a capela". Mas essa não é a única passagem do romance que evoca a nostalgia de Machado pelas terras de sua infância. Também *Quincas Borba* por lá andara, para "caçar ninhos de passarinhos ou perseguir lagartixas nos morros do Livramento e da Conceição, ou simplesmente arruar à toa, como dois peraltas sem emprego" (Cap. XIII).

Sem precisar recorrer à psicanálise, que tenta explicar o comportamento humano, temos certeza de que a morte sucessiva[14] de três entes queridos do menino Joaquim Maria causou em sua alma uma perda irreparável, o que nos permite tentar compreender, em parte, o seu posicionamento adulto diante da morte e da vida. Mas não o bastante para explicar o seu ceticismo, é claro.

Continuemos. Tendo ficado viúvo, Francisco José casou-se com Maria Inês da Silva, uma mulata, doceira no Colégio Meneses, em São Cristóvão, a 18 de junho de 1854, na Igreja do Engenho Novo, perto do bairro de São Cristóvão. Se o menino aceitou ou não de bom grado a madrasta, não se sabe ao certo. Há quem calunie o escritor, dizendo que ele, após a morte do pai, não amparou a viúva. Mas tudo são especulações da crítica desfavorável à

---

[13] Não é certo chamar o nosso escritor de "menino de morro", conotação de favelado, uma vez que, naquela época, morar nos morros era privilégio de pessoas ricas.

[14] Maria, única irmã de Machado, morreu aos quatro anos de idade, em 1845, vítima de sarampo; D. Maria José, a madrinha de Joaquim Maria, morreu do mesmo mal, três meses mais tarde, na idade de setenta e cinco anos; Maria Leopoldina, mãe do escritor, morreu vítima de tuberculose, em 1849, contando trinta e seis anos de idade. Curiosamente, as certidões de óbito das duas mulheres foram lavradas na mesma página do Livro de Assentamentos.

memória de Machado de Assis. Nada ficou registrado desse pouco tempo em que o rapazinho conviveu com Maria Inês (Machado tinha quinze anos de idade quando o pai se casou; o garoto saiu de casa, para trabalhar na cidade, no começo do ano seguinte, ou seja, em 1855). Aos vinte e cinco anos, o rapaz perderia o pai, e certamente adquiriu deveres para com a viúva, mas se os cumpriu ou não, não se sabe ao certo, apesar de Hemetério dos Santos[15] haver tentado manchar a memória do escritor, publicando na *Gazeta de Notícias* um artigo bastante severo para com Machado, no 30º dia de falecimento do fundador da ABL. No jornal, o autor das palavras difamatórias alude ao pouco caso do enteado para com a sua madrasta. Mas, segundo os biógrafos machadianos, tudo são especulações do despeitado articulista; além do mais, Maria Inês não foi – e nem houve tempo suficiente de convivência entre eles dois para ela ser – "o anjo tutelar de Machado de Assis", conforme pretendia Hemetério.

Enfim, o que se pode depreender da infância e da adolescência de Joaquim Maria é que ele hauriu da sociedade matriarcal do morro do Livramento muito mais alegrias do que tristezas. E, nos velhos tempos de sua formação cristã, ele foi iniciado na Fé. Se "o menino é pai do homem", ou seja, se a criança que fomos e o meio em que passamos a nossa infância conta muito para a nossa formação adulta, certo é que a meninice tão humilde do escritor Machado de Assis não foi, de modo algum, fator desencadeante de seu temperamento "casmurro" e cético, desprovido de religiosidade, como dizem as más línguas...

[15] Professor na Escola Normal e no Colégio Militar, na época.

Terceiro Capítulo

SE O MENINO... É PAI DO HOMEM, O JOVEM DEVE SER... O PRENÚNCIO DO HOMEM...

Eu conheço a mais bela flor;
És tu, rosa da mocidade,
Nascida, aberta para o amor.[1]

Joaquim Maria afastou-se de sua família aos quinze anos de idade, para ir trabalhar no comércio da cidade grande. Teve a honra de ser aprendiz de tipógrafo do autor de *Memórias de um Sargento de Milícias* – Manuel Antônio de Almeida – e tornou-se apto a essa profissão. Foi descendo a colina do morro do Livramento para São Cristóvão, e de lá seguindo de barca para o centro, que o rapaz iniciou também a sua atividade literária. Pouco tempo depois a cansativa viagem seria abolida, pois o rapaz passou a dividir um quarto com um amigo.[2] No centro, ele conheceu Francisco de Paula Brito,

---

1 Primeiros versos da poesia *Flor da Mocidade*, de Machado.

2 Por certo tempo ele compartilhou um quarto alugado num sobrado da Rua Matacavalos, hoje Riachuelo, com o caixeiro português Francisco Ramos Paz.

que fundara em 1849 a *Marmota Fluminense*, e passou a trabalhar em sua tipografia. Lá, o garoto tornou-se membro da *Petalógica*,[3] sociedade literária e artística que se reunia aos sábados[4] na livraria de Paula Brito. Este era o incentivador dos jovens escritores de quem publicava os primeiros ensaios. Assim, da amizade com o patrão, nasceu a coragem de levar a público os seus primeiros rabiscos poéticos, encorajado pelos amigos e confrades. O rapaz, embora recatado e tímido, arriscava-se a declamar poesias suas nos saraus que ele frequentava, levado pelas mãos dos amigos que já angariara.[5]

As poesias da fase adolescente

Na verdade, quem dirigiu os primeiros passos do poeta foi o português Francisco Gonçalves Braga, que chegou ao Rio em 1854. Braga se tornou o mestre, o amigo e o modelo imitado. Da poesia de Braga, Machado extraiu várias epígrafes; como esta, de *Consumatum Est*, publicada na Semana Santa de 1856 – sem dúvida um poema carregado de religiosidade:

Povos, curvai-vos,
A redenção do mundo consumou-se.

Ao amigo Braga, Machado dedicaria a sua primeira poesia *A Palmeira*, escrita no dia 6 e publicada no dia 16 de janeiro de 1855, na

[3] Origem na palavra *peta*, que significava, segundo a etimologia que lhe emprestavam seus membros, mentira, conto.

[4] Há quem afirme serem as reuniões realizadas no escritório do advogado Caetano Filgueiras, na Rua de São Pedro, 85.

[5] A gagueira somente se manifestaria depois dos primeiros ataques de epilepsia, já na maturidade.

Marmota. No entanto, há quem afirme ser *Ela* a sua primeira composição poética publicada. Com ela (desculpem o trocadilho) iniciamos a exposição da poesia machadiana ponteada de termos religiosos:

(...)

Celestes lábios de amor

(...)

Com sua boca mimosa
Solta voz harmoniosa
Que inspira ardente paixão,
Dos lábios de **Querubim**
Eu quisera ouvir um – sim –
P'ra alívio do coração!

Vem, ó **anjo** de candura,
Fazer a dita, a ventura
De minh'**alma**, sem vigor;
Donzela, vem dar-lhe alento,
Faz-lhe gozar teu portento,
"Dá-lhe um suspiro de amor!"

A qualificação de *celestes*, emprestada aos lábios da amada, deixa bem claro que a mulher referida não é da terra, mas do céu, aqui conotado paraíso, e não espaço onde se movem os astros (cf. definições do Aurélio).[6] Ora, paraíso é um conceito cristão, liga-

---

[6] Ferreira, Aurélio Buarque de Holanda. *Novo Dicionário Aurélio da Língua Portuguesa.* Curitiba, Positivo. 3ª ed., 2004.

do à primeira morada de Adão e Eva. Verifica-se, ainda, nos versos, o sentido metafórico com que o poeta adjetiva sua amada, ao invocá-la como um *anjo*, um *Querubim;* ao logo da obra poética do autor, o emprego da palavra *anjo* – conotação de *Ser* puro, sem mácula alguma, seguidas vezes se encaixa na definição do Aurélio: anjo: *Ser* espiritual que, segundo a teologia cristã, serve de mensageiro entre Deus e os homens. Por sua vez, o emprego da palavra *alma*, na poesia acima, leva-nos a encaixar o termo na definição de espírito, associando-o às implicações morais que a palavra suscita. Prossigamos.

O jovem Machado de Assis, assim que se desvencilhou da imitação do amigo Braga, ampliou e enriqueceu os seus modelos, vindo a sofrer outras e melhores influências nacionais. Citemos apenas Álvares de Azevedo, Casimiro de Abreu, José de Alencar, Fagundes Varela, Gonçalves Dias. Essa parte de nosso estudo, debruçado sobre a sua obra poética escrita quase toda na puberdade, não se deterá, entretanto, na análise das influências dos poetas e escritores românticos admirados pelo moço Joaquim Maria, uma vez que a nossa reflexão é de outro teor.

Assim, o estilo poético do escritor vinha-se afirmando, regando seus versos de profunda afetividade, e, segundo a nossa opinião, ponteando alguns deles de termos pertinentes à religião e à religiosidade. Em nossas pesquisas nos livros de suas poesias, mormente na *Obra Completa*,[7] da Aguilar, tivemos o capricho de contar quantas vezes aparecem nos versos machadianos as seguintes palavras ligadas à religião e à religiosidade: *alma, céu, fé, anjo, Senhor, Deus, altar, Cruz, Oração, Cristo, Criador e Igreja.*

[7] Coutinho, Afrânio (Org.). *Obra Completa*. Rio de Janeiro, Editora Nova Aguilar, 1992.

Eis o resultado:

- Em **Crisálidas**, o termo *alma* aparece trinta e uma vezes, ao longo das poesias. *Céu* aparece quatro vezes. *Fé* aparece três vezes. *Anjo*, seis vezes. *Senhor*, sete vezes. *Deus*, sete vezes. *Altar*, uma vez. *Cruz*, uma vez. *Oração*, três vezes.
- Em **Falenas**, *alma* aparece vinte e sete vezes. *Céu* aparece duas vezes. *Fé*, uma vez. *Anjo*, seis vezes. *Deus*, cinco vezes. *Senho*r, uma vez. *Oração*, uma vez. *Paraíso*, uma vez.
- Em **Americanas,** *oração* é citada duas vezes. *Céu*, duas vezes. *Cristo,* três vezes. *Alma*, quatro vezes. *Anjo*, uma vez. *Criador*, uma vez.
- Em **Ocidentais,** *Deus* aparece uma vez.
- Em **Poesias Coligidas**, organização da editora, *alma* aparece quinze vezes. Na seção "*Dispersas*", *alma* é citada três vezes. *Anjo*, quatro vezes. *Senhor,* duas vezes. *Céu,* três vezes. *Deus*, quatro vezes. *Igreja,* uma vez.

Essa pesquisa nos levou a um resultado incrível:

– a palavra **alma**, campeã das citações, alcança um total de oitenta vezes;
– a palavra **céu**, onze vezes;
– a palavra **fé**, quatro vezes;
– a palavra **anjo**, dezessete vezes;
– a palavra **Senhor**, dez vezes;
– a palavra **Deus**, dezessete vezes;
– a palavra **altar**, uma vez;
– a palavra **cruz,** uma vez;
– a palavra **oração**, seis vezes;
– a palavra **Paraíso**, uma vez;

– a palavra **igreja**, uma vez;
– a palavra **Criador**, uma vez;
– a palavra **Cristo**, três vezes.

Para ilustrar a nossa estatística, pinçamos da obra machadiana alguns dos melhores poemas, aqueles que reforçam a crença de que um espírito religioso conduzia a mão que escrevia. O próprio leitor verificará a repetição dos termos religiosos. De **Crisálidas**, ressaltamos:

- Quase todo o poema oferecido a F. X. de Novais:[8]

Aspiração

Oú aperçois-tu, mon ame? Au fond, n'est-ce-pas Dieu?
Tu vas à lui...
V. de Laprade

Sinto que há na minh'alma um vácuo imenso e fundo
E desta meia morte o frio olhar do mundo
Não vê o que há de triste e de real em mim;
Muita vez, ó poeta, a dor é casta assim;
Refolha-se, não diz no rosto o que ela é,
E nem que o revelasse, o vulgo não põe fé
Nas tristes comoções da verde mocidade,
E responde sorrindo à cruel realidade.

[8] Trata-se de Faustino Xavier de Novais, a quem Machado se ligara por fraternal amizade e que depois viria a ser seu cunhado (irmão de D. Carolina).

Não assim tu, ó alma, ó coração amigo;
Nu, como a consciência, abro-me aqui contigo;
Tu que corres, como eu, na vereda fatal
Em busca do mesmo alvo e do mesmo ideal.
Deixemos que ela ria, a turba ignara e vã;
Nossas almas a sós, como irmã junto a irmã,
Em santa comunhão, sem cárcere, sem véus,
Conversarão no espaço e mais perto de Deus.

Deus quando abre ao poeta as portas desta vida
Não lhe depara o gozo e a glória apetecida;
Traja de luto a folha em que lhe deixa escritas
A suprema saudade e as dores infinitas. (...)

(...)

A esta sede de amar só Deus conhece a fonte?
Jorra ele ainda além deste fundo horizonte
Que a mente não calcula, e onde se perde o olhar?
Que asas nos deste, ó Deus, para transpor o espaço?
Ao ermo do desterro inda nos prende um laço:
Onde encontrar a mão que o venha desatar?

Creio que só em ti há essa luz secreta,
Essa estrela polar dos sonhos do poeta,
Esse alvo, esse termo, esse mago ideal;
Fonte de todo o ser e fonte da verdade,
Nós vamos para ti, e em tua imensidade
É que havemos de ter o repouso final.

É triste quando a vida, erma, como esta, passa,
E quando nos impele o sopro da desgraça
Longe de ti, ó Deus, e distante do amor!
Mas guardemos, poeta, a melhor esperança:
Sucederá a glória à salutar provança: (sic)
O que a terra não deu, dar-nos-á o Senhor!

• Algumas estrofes de **Versos a Corina**

(Fragmento de III)

Que valem glórias vãs? A glória, a melhor glória
É esta que nos orna a poesia da história;
É a glória do céu, e a glória do amor.
É Tasso eternizando a princesa Leonor;
(...)
É o amor que une Ovídio à formosa Corina;
(...)
Esta a glória que fica, eleva, honra e consola;
Outra não há melhor.
Se faltar esta esmola,
Corina, ao teu poeta, e se a doce ilusão,
Com que se alenta e vive o amante coração,
Deixar-lhe um dia o céu azul, tão tranquilo,
Nenhuma glória mais há de nunca atraí-lo.
Irá longe do mundo e dos seus vãos prazeres,
Viver na solidão a vida de outros seres,
Vegetar como o arbusto, e murchar, como a flor,
Como um corpo sem alma ou alma sem amor.

• De **Falenas,** escolhemos:

Sombras

Quando, assentada, à noite, a tua fronte inclinas,
E cerras descuidada as pálpebras divinas,
E deixas no regaço as tuas mãos cair,
E escutas sem falar, e sonhas sem dormir,
Acaso uma lembrança, um eco do passado,
Em teu seio revive?

O túmulo fechado
Da ventura que foi, do tempo que fugiu,
Por que razão, mimosa, a tua mão o abriu?
Com que flor, com que espinho, a importuna memória
Do teu passado escreve a misteriosa história?
Que espectro ou que visão ressurge aos olhos teus?
Vem das trevas do mal ou cai das mãos de Deus?
É saudade ou remorso? É desejo ou martírio?
Quando em obscuro templo a fraca luz de um círio
Apenas alumia a nave e o grande altar
E deixa todo o resto em treva, – e o nosso olhar
Cuida ver ressurgindo, ao longe, dentre as portas
As sombras imortais das criaturas mortas,
Palpita o coração de assombro e de terror;
O medo aumenta o mal. Mas a cruz do Senhor,
Que a luz do círio inunda, os nossos olhos chama;
O ânimo esclarece aquele eterna chama;
Ajoelha-se contrito, e murmura-se então
A palavra de Deus, a divina oração.

Pejam sombras, bem vês, a escuridão do templo;
Volve os olhos à luz, imita aquele exemplo;
Corre sobre o passado impenetrável véu;
Olha para o futuro e vem lançar-te ao céu.

Noivado

Vês, querida, o horizonte ardendo em chamas?
Além desses outeiros
Vai descambando o sol, e a terra envia
Os raios derradeiros;
A tarde, como noiva que enrubesce,
Traz no rosto um véu mole e transparente;
No fundo azul a estrela do poente
Já tímida aparece.

Como um bafo suavíssimo da noite,
Vem sussurrando o vento,
As árvores agita e imprime às folhas
O beijo sonolento.
A flor ajeita o cálix: cedo espera
O orvalho, e entanto exalo o doce aroma;
Do leito do oriente a noite assoma;
Como uma sombra austera.

(...)

Irão buscar-te em meio do caminho
As minhas esperanças;
E voltarão contigo, entrelaçadas,
Nas tuas longas tranças;
No entanto eu preparei teu leito à sombra
Do limoeiro em flor; colhi contente
Folhas com que alastrei o solo ardente
De verde e mole alfombra.

Pelas ondas do tempo arrebatados,
Até à morte iremos,
Soltos ao longo do baixel da vida
Os esquecidos remos.
Firmes, entre o fragor da tempestade,
Gozaremos o bem que amor encerra,
Passaremos assim do sol da terra
Ao sol da eternidade.

Lágrimas de Cera

Passou; viu a porta aberta.
Entrou; queria rezar.
A vela ardia no altar.
A igreja estava deserta.

Ajoelhou-se defronte
Para fazer a oração;
Curvou a pálida fronte
E pôs os olhos no chão.

Vinha trêmula e sentida.
Cometera um erro. A cruz
É a âncora da vida,
A esperança, a força, a luz.

Que rezou? Não sei. Benzeu-se
Rapidamente. Ajustou
O véu de rendas. Ergueu-se
E à pia se encaminhou.

Da vela benta, que ardera,
Como tranquilo fanal,
Umas lágrimas de cera
Caíam no castiçal.

Ela porém não vertia
Uma lágrima sequer.
Tinha a fé, – a chama a arder, –
Chorar é que não podia.

- Em **Americanas,** eco do Indianismo, o poeta não fugiu à tendência de idealizar o aborígine, com nítida influência de Gonçalves Dias e de Alencar. Da coletânea, ressaltamos duas composições do escritor. Na primeira poesia escolhida – *Potira* – destacam-se alguns conceitos católicos, como a indissolubilidade do casamento; a segunda – *A Cristã-Nova*[9] – trata dos amores de uma cristã-nova, convertida do judaísmo ao catolicismo. Nesta, ressalte-se a fiel tradução,

[9] Cristãos-novos: denominação das famílias convertidas à força ao cristianismo.

em tercetos, do *Salmo 136*, na passagem em que o judeu comovido entoa o canto dos cativos que iam pelas ribas de Eufrates relembrando as desgraças da pátria.

1ª Potira

(...)

Potira acorda, os olhos lança em torno,
Fita, vê, compreende, e inquieta busca
Fugir do vencedor às mãos e ao crime...

(...)

Na rede envolve o corpo, e, desviando
Do terrível tamoio os lindos olhos,
Entrecortada prece aos céus envia,
E as faces banha de serenas lágrimas.

(...)

Impossível! Que vale um vago sonho?
Sou esposa e cristã. Ímpio, respeita
O amor que Deus protege e santifica;
Mata-me; a minha vida te pertence;
Ou, se te pesa derramar o sangue
Daquela a quem amaste, e por quem foste
Lançar entre os cristãos a dor e o susto,
Faze-me escrava; servirei contente
Enquanto a vida alumiar meus olhos.

(...)

E as mimosas mãos, colhendo ao rosto
Alçou a Deus o pensamento amante (...)

Observação: sobre essa poesia, Machado de Assis assim escreveu em "Notas do autor" às **Poesias Completas**:

> – Nota F: Simão de Vasconcelos não declara o nome da índia, cuja ação refere em sua Crônica. Achei que não foi o caso desta tamoio o único em que tão galhardamente se manifestou a fidelidade conjugal e cristã. O Padre Anchieta, na carta escrita ao Padre-mestre Laynez, a 16 de abril de 1563, menciona o exemplo de uma índia, mulher de um colono, a qual, depois de lho matarem os índios, caiu em poder destes, cujo Principal a quis violentar. Ela resistiu e desapareceu. Os índios fizeram correr a voz de que se matara; Anchieta supõe que eles mesmos lhe tiraram a vida.

Fica assim bem clara a recorrência de Machado a textos informativos escritos por padres católicos, antes de compor as suas poesias indianistas. Prosseguindo, ele aproveita as *notas* publicadas para tecer alguns comentários acerca da crença dos índios:

> Tinham os índios a religião monoteísta que a tradição lhes atribui? Nega-o positivamente o Sr. Dr. Couto de Magalhães em seu excelente estudo acerca dos selvagens, asseverando nunca ter encontrado a palavra Tupã nas tribos que frequentou, e ser inadmissível a ideia de tal deus, no estado rudimentário dos nossos aborígines. (...).

Há na poesia Potira – Canto V, uma passagem muito interessante ao nosso estudo, onde Machado põe na boca do tamoio rejeitado por Potira – porque a moça já se casara com outro em cerimônia católica – um desabafo contra as leis da igreja dos homens brancos:

Oh! nunca os padres
Pisado houvessem estas plagas virgens!
Nunca de um deus estranho as leis ignotas
Viessem perturbar as tribos, como
Perturba o vento as águas!

Mais à frente, é a índia que reluta em segui-lo e proclama:

Impossível! Que vale um vago sonho?
Sou esposa e cristã. Ímpio, respeita
o amor que Deus protege e santifica *(o casamento)* (grifo nosso).

Fica-nos a dúvida: seria Machado de Assis adepto da ideia de que a catequização dos índios talvez lhes tenha sido perniciosa e castradora?! O desabafo do tamoio rejeitado nos leva a pensar nesse tema tão controverso; não teria sido mais cristão, por parte da Igreja, mantê-los no estado puro, *"tábula rasa"*, de acordo com os desígnios do Criador para Adão e Eva no Paraíso?! A noção de pecado somente se instaura em nós após a conscientização do mal. Segundo Nietzsche, "o conhecimento mata a ação". Reflita nisso, leitor, vale a pena inteirar-se do pensamento nietzschiano na íntegra, nesse aspecto.

Em outros versos, o índio continua o seu lamento:

(...)
Outra força,
Outra e maior nos move a guerra crua;
São eles, são os padres. Esses mostram
Cheia de riso a boca e o mel nas vozes,
Sereno o rosto e as brancas mãos inermes;

Ordens não trazem de cacique alheio,
Tudo nos levam, tudo. Uma por uma
As filhas de Tupã correm trás eles,
Com elas os guerreiros, e com todos
A nossa antiga fé
(...).

Essas palavras, nascidas da revolta de um aborígine, provocam em nossa memória a lembrança da poesia antropofágica de Oswald de Andrade:

História pátria

Lá vai uma barquinha carregada de
Aventureiros
Lá vai uma barquinha carregada de
Bacharéis
Lá vai uma barquinha carregada de
Cruzes de Cristo
Lá vai uma barquinha carregada de
Donatários
Lá vai uma barquinha carregada de
Espanhóis
Paga prenda
Prenda os espanhóis!
Lá vai uma barquinha carregada de
Flibusteiros
Lá vai uma barquinha carregada de
Holandeses
Lá vem uma barquinha cheinha de índios
Outra de degradados

Outra de pau de tinta
Até que o mar inteiro
Se coalhou de transatlânticos
E as barquinhas ficaram
Jogando prenda côa a raça misturada (sic)
No litoral azul de meu Brasil.

Ao leitor, deixamos a reflexão sociológica oswaldiana...

2ª **A Cristã-Nova**:

(...)

Não! Cristo,
Filho de Deus! Só ele há salvo os homens!"
Isto dizendo, a delicada virgem
As mãos postas ergueu. Uma palavra
Não disse mais; no coração, entanto,
Murmurava uma prece silenciosa,
Ardente e viva, como a fé que a anima
Ou como a luz da lâmpada
A que não faltou óleo.

Taciturno
Esteve longo tempo o ancião. Aquela
Alma infeliz nem toda era de Cristo
Nem toda de Moisés; ouvia atento
A palavra da Lei, como nos dias
Do eleito povo; mas a doce nota
Do Evangelho não raro lhe batia
No alvoroçado peito,

Soleníssima e pura... Descambava
No entanto a lua. A noite era mais linda,
E mais augusta a solidão. Na alcova
Entra a pálida moça. Da parede
Um Cristo pende; ela os joelhos dobra,
Os dedos cruza e reza, – não serena,
Nem alegre também, como costuma,
Mas a tremer-lhe nos formosos olhos
Uma lágrima.

(...)

Junto aos rios da terra amaldiçoada
De Babilônia, um dia nos sentamos,
Com saudades de Sião amada.

(...)

Oh! lembra-lhes, Senhor, aquele dia
Da abatida Sião, lembra-lho aos duros
Filhos de Edom, e à voz que ali dizia:

Arruinai-a, arruinai-a; os muros
Arrasemo-los todos; só lhe baste
Um montão de destroços mal seguros.

Filha de Babilônia, que pecaste,
Abençoado o que se houver contigo
Com a mesma opressão que nos mostraste!

(...)

Anjo, descera da região celeste
A pairar sobre o abismo; anjo, subia
De novo à esfera luminosa e eterna,
Pátria sua. Levar-lhe-á Deus em conta
O muito amor e o padecer extremo,
Quando romper a túnica da vida
E o silêncio imortal fechar seus lábios.

Citemos, ainda de **Americanas:**

– Uma linda e comovente estrofe de:

A Gonçalves Dias[10]

Oh! sobre a terra em que pousaste um dia,
Alma filha de Deus, ficou teu rasto
Como de estrela que perpétua fulge!
Não viste as nossas lágrimas; contudo
O coração da pátria as há vertido.
Tua glória as secou, bem como orvalho
Que a note amiga derramou nas flores
E o raio enxuga da nascente aurora.
Na mansão a que foste, em que ora vives,
Hás de escutar um eco do concerto
Das vozes nossas. Ouvirás entre elas,
Talvez, em lábios de indiana virgem!
Esta saudosa e suspirada Nênia:
"Morto, é morto o cantor dos meus guerreiros!
Virgens da mata, suspirai comigo!"

[10] Antônio Gonçalves Dias (1823-1864): poeta romântico, maranhense.

– Algumas estrofes de

Ícaro

Que queres tu que eu te peça?
Um olhar que não consola?
Podes guardar essa esmola
Para quem ta for pedir.

(...)

E sabes o que eu te dera?
Nem tu calculas o preço...
Olha bem se te mereço
Mais que um só olhar dos teus:
Dera-te todo um futuro
Quebrado a teus pés, quebrado,
Como um mundo derrocado
Caído das mãos de Deus!

(...)

Que este fogo que me impele
Para a esfera dos desejos
Cresce, vigora nos beijos
De uma boca de mulher;
Tem asas como as das águias;
Nem pousa sobre o granito;
Aspira para o infinito,
Pede tudo e tudo quer!

– A poesia

Fascinação

Tes lévres, sans parler, me disaient: – Que je t'aime!
E ma bouche muette ajoutait: – Je te crois!
Mme. Desbordes-Valmore

A primeira vez que te ouvi dos lábios
Uma singela e doce confissão,
E que travadas nossas mãos, eu pude
Ouvir bater teu casto coração.

Menos senti do que senti na hora
Em que, humilde – curvado ao teu poder,
Minha ventura e minha desventura
Pude, senhora, nos teus olhos ler.

Então, como um vínculo secreto,
Tanto no teu amor me confundi,
Que um sono puro me tomou da vida
É que os olhos, melhor que os lábios, falam

É que os olhos, melhor que os lábios, falam
Verbo sem som, à alma que é de luz
– Ante a fraqueza da palavra humana –
O que há de mais divino o olhar traduz.

Por ti, nessa união íntima e santa,
Como a um toque de graça do Senhor,
Ergui minh'alma que dormiu nas trevas,
E me sagrei na luz do teu amor.

Quando a tua voz puríssima – dos lábios,
De teus lábios já trêmulos correu,
Foi alcançar-me o espírito encantado
Que abrindo as asas demandara o céu.

De tanta embriaguez, de tanto sonho
Que nos resta? Que vida nos ficou?
Uma triste e vivíssima saudade...
Essa ao menos o tempo a não levou.

Mas, se é certo que a baça mão da morte
A outra vida melhor nos levará,
Em Deus, minh'alma adormeceu contigo,
Em Deus, contigo um dia acordará.

Observação: Deixamos de incluir **O Almada**, poema herói-cômico em oito cantos, publicado em *Poesias Coligidas,* porque o próprio Machado de Assis declarou, na "Advertência", que "o assunto deste poema é rigorosamente histórico". Portanto, apesar de se tratar de um episódio que envolveu pessoas ligadas à Igreja católica, como o dom Abade, o reitor das Carmelitas, o guardião dos Franciscanos, e Manuel de Sousa Almada, presbítero do hábito de S. Pedro, respeitamos a **Advertência** de Machado de Assis:

> Posto que o assunto entenda com pessoas da Igreja, nada há neste livro que de perto ou de longe falte ao respeito devido ao clero e às cousas da religião. Sem dúvida, os personagens que aqui figuram não são dignos de imitação; mas além de que o assunto pedia que eles fossem assim, é sabido que o clero do tempo, salvas as devidas exceções, não podia ser tomado por modelo. São do padre Manuel da Nóbrega, da Companhia de Jesus, estas palavras textuais: "Os clérigos desta terra têm mais ofício de demônios que de clérigos; por-

> que, além de ser mau exemplo e costumes, querem contrariar a doutrina de Cristo e dizem publicamente aos homens que lhes é lícito estar em pecado... e outras cousas semelhantes por escusar seus pecados e abominações. De maneira que nenhum demônio temos agora que nos persiga senão estes. Querem-nos mal porque lhes somos contrários aos seus maus costumes, e não podem sofrer que digamos as missas de graça em detrimento de seus interesses".

O poeta publicou, em vinte meses, pelo menos vinte e seis poemas na **Marmota,** e quase todos eles impregnados de termos que nos fazem refletir e interpretar o cânon machadiano daquela primeira fase. Qual o sopro que impelia aquele espírito que escrevia? Sem dúvida alguma, o sentimentalismo exasperado da escola romântica. Porém, o estado de espírito já existia de modo latente, antes do extravasar literário, naquele menino do Livramento. As influências apenas cristalizaram o seu pensamento e o seu coração na folha de papel, emprestando-lhe a força de expressão. Alguns teóricos da literatura apregoam que, segundo T. S. Eliot,[11] "é preciso separar o homem que sofre do espírito que cria". Apropriando-se dessas palavras, aqueles estudiosos se declaram adeptos da teoria da impossibilidade de se explicar a obra pela biografia do autor. Porém, lembremos que a afirmativa de Eliot deverá ser analisada na íntegra, para que não se perca a intenção do autor. Diz ele, à página 29: "Mas quanto mais perfeito o artista, mais completamente estão separados nele o homem que sofre e o espírito que cria e, de maneira mais perfeita, o espírito digere e transmuta as paixões que são o seu material". O que faz a diferença, na interpretação que os teóricos emprestam à afirmativa de Eliot, é justamente a supressão do início do parágrafo, ou seja, a declaração

---

[11] Eliot, T. S. *Ensaios de Doutrina crítica.* Porto, Guimarães Editores. s/ data.

eliotiana de que *quanto mais perfeito o artista*, mais completamente estão separados nele o *homem* e seu *espírito.* Depreendemos das palavras de Eliot que essa perfeição a que ele alude somente se dará na maturidade da obra artística, quando o homem se fizer apto a se desvencilhar dos grilhões dos sentimentos que andam a lhe insuflar o dom. Enquanto se operam os primeiros passos do espírito criador, as influências dos sofrimentos, das paixões e alegrias do homem virão à tona; o complexo íntimo transbordado servir-lhe-á de inspiração para compor suas obras, sem dúvida alguma, e, por conseguinte, a função de linguagem em seus textos será, predominantemente, a função emotiva, a função reveladora do "Eu" poético.

Encontramos respaldo em Jean-Michel Massa:[12] "Frisamos, várias vezes, o perigo de utilizar a obra para explicar o autor e alguns nos censurarão por cairmos no mesmo defeito que recriminamos em certas obras críticas. *Mas, no caso presente, os elementos biográficos*[13] *explicam a obra e lhe trazem nova luz.* (...) A vinculação parece sólida. A vida e a obra, tão indissoluvelmente ligadas que foram na realidade, corroboram reciprocamente os seus pontos de convergência sem precisar distinguir, em cada uma, um setor próprio". Mesmo Lúcia Miguel-Pereira,[14] biógrafa parcial e bastante dura para com Machado de Assis, assim se expressou a respeito: "(...) A sua biografia há de ser sobretudo a biografia do seu espírito. Embora tenha recolhido sobre ele valiosos depoimentos, creio que *a melhor chave desse cofre de segredos está nos seus escritos*". Também Peregrino Jr.[15] corrobora conosco: "O

---

[12] Massa, Jean-Michel. *Op. cit.*, p. 605.

[13] O autor, em seu texto, referia-se à vida de Machado de Assis.

[14] Miguel-Pereira, Lúcia. *Machado de Assis.* Belo Horizonte, Itatiaia, 1988.

[15] Peregrino Jr. "Vida, ascensão e glória de Machado de Assis", in: *Machado de Assis.* Bahia, Aguiar e Souza, 1958.

escritor não pode deixar de ser um espelho do homem. E a obra final é filha legítima do homem: herda-lhe qualidades e defeitos... Por isso mesmo, não obstante todas as suas contradições, *Machado de Assis reflete na sua obra o seu temperamento e a sua vida*".

E o que dizer da carta de Joaquim Nabuco a Graça Aranha, a três de setembro de 1908? Nela, o missivista ratifica a nossa opinião: "Foi uma delícia para mim ler o novo livro do Machado. *Como o escritor é o homem!* Como ele pinta a si mesmo sem sentir! O gosto da minudência, o culto, pode-se dizer, o culto amoroso e não intelectual, está visto, e a meticulosa reserva em tudo, a mania segredista que o senhor conhece. Como lhe escrevi a ele, esse livro *(Memorial de Aires)* (grifo nosso) faz saudade dele mas também a mata. Sempre o mesmo espírito, a mesma suavidade ou medida, a mesma perfeição".

No tocante, ainda, à manifestação do Eu poético machadiano, lembremos Herbert Read,[16] que diz: "Um bom poeta é um estranho ao Eu que encontra em sua poesia". Porém, em Machado, esse fenômeno do qual nos alerta Read, ou seja, o estranhamento de si mesmo, somente se daria anos mais tarde, no aprimoramento de seu estilo. Tanto isso é verdade que, quando da ocasião do lançamento de seus livros, ele próprio se encarregava da repescagem dos textos poéticos, censurando-os e aprovando somente aqueles que fossem dignos de constar nas publicações. Eis o que ele diz, em julho de 1900, na **Advertência – Poesias completas**:

> Não direi de uns e de outros versos senão que os fiz com amor, e dos primeiros que os reli com saudades. Suprimo da primeira série algumas páginas; as restantes bastam para notar a diferença de idade e de composição.

---

[16] Read, Herbert. *As origens da forma na arte*. Rio de Janeiro, Zahar, s/ data.

A imaturidade literária machadiana dos primeiros tempos impulsionou a inconsciência do vate – causa maior da criação em série – movido pela ansiedade de escrever e fazer parte da *Petalógica*; quiçá desejo oculto de fazer parte daquele mundo que a ele se descortinava na Corte. Quando o poeta adquiriu consciência do processo, a elaboração literária, livre de associações à própria vida, predominou em seu espírito.

O que se quer deixar claro é que, quando Machado de Assis se dedicou às primeiras poesias, com certeza não houve uma corrente de sentimentos que conduzissem as palavras a uma direção predeterminada; o que houve foi uma atividade verbal inconsciente, inserida na convenção romântica, indianista, ultrarromântica, ou até mesmo motivada por influência estrangeira colhida em suas leituras.

A crítica atesta que o escritor não foi um bom poeta. Discordamos, em parte. Se for verdade que "a arte não se diz em plenitude", segundo Otávio Paz, temos de perdoar as falhas do poeta Machado e considerar os seus acertos. Vemos em algumas poesias suas o apelo à nossa associação ao indizível. Apelo à catarse. Há versos esparsos em suas melhores poesias que capacitam o leitor a incorporar aquilo que ele não é, mas tem possibilidade de ser, e aí está a grandeza de alguns de seus poemas; Machado consegue criar um estado de poesia em nós. Em alguns momentos suspendemos a leitura para admirar a técnica, a profundeza dos pensamentos poéticos; são momentos em que nos damos conta de que estamos diante de uma obra de arte. Isto basta para qualificá-lo de poeta, não menor, mas poeta, simplesmente. A diferença entre um poeta excêntrico e o poeta genuíno é esta: o primeiro tem sensações únicas, partilháveis apenas pelos iniciados – Fernando Pessoa, por exemplo –, e o segundo descobre uma sensibilidade que se alarga sobre as mentes, tornando-as coautoras de um sentimento expresso em versos. E é dessa forma que se dá o transbordar poético do eu-lírico machadiano, embora sua poesia seja dita *menor*, pela maioria dos críticos literários... Exemplos de sua arte maior são as poesias: **A Carolina**; **Versos a Corina** (em sua íntegra); **As Rosas**; **Vai-te!**; **Álvares D'Azevedo**; **Alencar**; **Erro**; **A Gonçalves Dias** (na íntegra); **Soneto Circular**; **Menina e Moça** (esta é um primor!); **Maria**; **Círculo Vicioso** (esta, uma lição de vida); **Condão**; e tantas outras que não serão nesse livro reproduzidas porque não servem ao nosso propósito. Mas **Pálida Elvira**, oferecida a Francisco Paz, com epígrafe de Daniel Stern, contém a substância desse nosso estudo, além de exemplificar o *molho* machadiano:

I

Quando, leitora amiga, no ocidente
Surge a tarde esmaiada e pensativa;
E entre a verde folhagem recendente
Lânguida geme viração lasciva;
E já das tênues sombras do oriente
Vem apontando a noite, e a *casta diva*
Subindo lentamente pelo espaço,
Do céu, da terra observa o estreito abraço;

II

Nessa hora de amor e de tristeza,
Se acaso não amaste e acaso esperas
Ver coroar-te a juvenil beleza
Casto sonho das tuas primaveras;
Não sentes escapar tua alma acesa
Para voar às lúcidas esferas?
Não sentes nessa mágoa e nesse enleio
Vir morrer-te uma lágrima no seio?

III

Sente-lo? Então entenderás, Elvira,
Que assentada à janela, erguendo o rosto,
O voo solta à alma que delira,
E mergulha no azul de um céu de agosto;
Entenderás então por que suspira,
Vítima já de um íntimo desgosto,
A meiga virgem, pálida e calada,
Sonhadora, ansiosa e namorada.

(...)

Não me censure o crítico exigente
O ser pálida a moça é meu costume
Obedecer à lei de toda gente
Que uma obra compõe de algum volume.
Ora, no nosso caso, é lei vigente
Que um descorado rosto o amor resume.
Não tinha *Miss* Smolen outras cores;
Não as possui quem sonha com amores.

(...)

XCVII

Pouco tempo depois ouviu-se um grito,
Som de um corpo nas águas resvalado;
À flor das vagas veio um corpo aflito...
Depois... o sol tranquilo e o mar calado.
Depois... Aqui termina o manuscrito,

Que ora em letra de forma é publicado,
Nestas estrofes pálidas e mansas,
Para te divertir de outras lembranças.

- **Pálida Elvira**, último poema de **Falenas**, é extremamente moralista. Nota-se, em noventa e sete oitavas, que o poema mais parece prosa do que poesia; narra a história dos amores de Elvira e Heitor. Observa-se, ainda, a repetição dos vocativos "leitora amiga", "leitor sisudo", "leitores"; são construções apropriadas ao ensaio da veia intimista e humorística do autor, que mistura ao enlevo poético uma conversa amena. Machado iria lançar mão desse recurso – a função fática – ao longo de toda a sua obra, dali por diante; e o fez de uma forma tão particularmente sua que não obteve parelhas em nossa literatura. A referência ao Evangelho se faz no canto XVII e XVIII, e as palavras *anjo, alma, Deus, paraíso, céu,* são repetidas ao longo da poesia.

Cremos ser pertinente deixar à reflexão do leitor mais algumas poesias machadianas dessa primeira fase do escritor, aquelas que estejam inseridas no contexto da religião ou da religiosidade. São poesias retiradas dos livros já citados (**Crisálidas, Falenas** etc.). Assim, iniciaremos a exposição com aquela que, a meu ver, mais fortemente atesta o conhecimento que o autor tinha da liturgia católica; a contemplação poética se dá no rito católico e na expressão sofrida de um celebrante:

Ite missa est

Fecha o missal do amor e a bênção lança
À pia multidão
Dos teus sonhos de moço e de criança,
Soa a hora fatal – reza contrito
As palavras do rito:
Ite, missa est.

Foi longo o sacrifício; o teu joelho
De curvar-se cansou;
E acaso sobre as folhas do Evangelho
A tua alma chorou.
Ninguém viu essas lágrimas (ai tantas!)
Cair nas folhas santas.
Ite, missa est.

De olhos fitos no céu rezaste o credo,
O credo do teu deus;
Oração que devia, ou tarde ou cedo,
Travas nos lábios teus;
Palavra que se esvai qual fumo escasso
E some-se no espaço.
Ite, missa est.

Votaste ao céu, nas tuas mãos alçadas,
A hóstia do perdão,
A vítima divina e profanada
Que chamas coração.
Quase inteiras perdeste a alma e a vida
Na hóstia consumida.
Ite, missa est.

Pobre servo do altar de um deus esquivo,
É tarde; beija a cruz;
Na lâmpada em que ardia o fogo ativo,
Vê, já se extingue a luz.
Cubra-te agora o rosto macilento
O véu do esquecimento.
Ite, missa est.

- No poema abaixo, o Evangelho do Novo Testamento é evocado; as duas mulheres, Marta e Maria, eram irmãs de Lázaro – o ressuscitado por Cristo. Sutilmente, o poeta traça o perfil de cada uma delas; perfis esses delineados nas passagens bíblicas que envolvem a família de Lázaro. Os versos foram compostos para comemorar a inauguração das aulas para o sexo feminino do Imperial Liceu de Artes e Ofícios, em 1881. Note-se o salto de qualidade das poesias do início da carreira de Machado para essa:

Dai à obra de Marta
Um pouco de Maria

Dai à obra de Marta um pouco de Maria,
Dai um beijo de sol ao descuidado arbusto;
Vereis neste florir o tronco erecto e adusto,
E mais gosto achareis naquela e mais valia

A doce mãe não perde o seu papel augusto
Nem o lar conjugal a perfeita harmonia.
Viverão dous aonde um até 'qui vivia,
E o trabalho haverá menos difícil custo.

Urge a vida encarar sem a mole apatia,
Ó mulher! Urge pôr no gracioso busto,
Sob o tépido seio, um coração robusto.

Nem erma escuridão, nem mal-aceso dia,
Basta um jorro ao descuidado arbusto,
Basta à obra de Marta um pouco de Maria.

- Aqui, algumas estrofes de **A Augusta**, em que o poeta faz alusão ao sofrimento de Jesus no Calvário – Novo Testamento – e à figura de Caim – Antigo Testamento –, assassino do irmão Abel:

(...)

Deve ser grande esse martírio
Já nos espinhos a minha alma pus;
Sou como um Cireneu do sofrimento;
Deixai-me ao menos carregar-te a cruz.

(...)

Sei como custa desfolhar um riso
Em face às turbas, que o senti por mim,
Ver o inferno e falar do paraíso,
Sentir os golpes e abraçar Caim!

- A seguir, a poesia dedicada a enaltecer a figura de José de Anchieta, jesuíta catequizador dos índios e que se notabilizou pela fé em Maria, mãe de Jesus.

José de Anchieta

Esse que as vestes ásperas cingia,
E a viva flor da ardente juventude
Dentro do peito a todos escondia;

Que em páginas de areia vasta e rude
Os versos escrevia e encomendava
À mente, como esforço de virtude;

Esse nos rios de babel achava,
Jerusalém, os campos primitivos,
E novamente aos ares os cantava.

Não procedia então como os cativos
De Sião, consumidos de saudade,
Velados de tristeza, e pensativos.

Os cantos de outro clima e de outra idade
Ensinava sorrindo às novas gentes,
Pela língua do amor e da piedade.

E iam caindo os versos excelentes
No abençoado chão, e iam caindo
Do mesmo modo as místicas sementes.

Nas florestas os pássaros, ouvindo
O nome de Jesus e os seus louvores,
Iam cantando o mesmo canto lindo.

(...)

Onde nada se perde nem se esquece,
E no dorso dos séculos trazido
O nome de Anchieta resplandece
Ao vivo nome do Brasil unido.

Observação: Machado de Assis era um grande admirador de José de Anchieta. Ainda na crônica de 4 de outubro de 1896, a homenagem ao padre retornaria:

> Enquanto eu cuido da semana, S. Paulo cuida dos séculos, que é mais alguma cousa. Comemora-se ali a figura de José de Anchieta, tendo já havido três discursos. (...) É doce contemplar de novo uma grande figura. Aquele jesuíta, companheiro de Nóbrega e Leonardo Nunes, está preso indissoluvelmente à história destas partes. A imaginação gosta de vê-lo, a três séculos de distância, escrevendo na areia da praia os versos do poema da Virgem Maria, por um voto em defesa da castidade, e confiando-os um a um à impressão da memória. A piedade ama os seus atos de piedade. É preciso remontar às cabeceiras da nossa história para ver bem que nenhum prêmio imediato e terreno se oferecia àquele homem e seus companheiros. Cuidavam só de espalhar a palavra cristã e civilizar bárbaros; para isso era tudo Anchieta, além de missionário. (...) Justo seria que alguma cousa lembrasse aqui, entre nós, o nome de Anchieta, – uma rua, se não há mais. A nossa Intendência Municipal acaba de decretar que não se deem nomes de gente viva às ruas, salvo "quando as pessoas se recomendarem ao reconhecimento e admiração pública por serviços relevantes prestados à pátria ou ao município, na paz e na guerra". Anchieta está morto e bem morto; é caso de lhe dar a homenagem que tão facilmente se distribui a homens que nem sequer estão doentes, e mal se podem dizer maduros.

A crônica prossegue com mais alguns ataques à Intendência e também ao sistema nacional de crédito, assunto que não vem a propósito de nossa intenção nesse livro.

- Esta é uma poesia belíssima, grito de angústia do *Ser* diante da própria mudança operada nas profundezas de seu espírito. São versos nos quais sentimos perfeita interação com o poeta e sofremos a catarse à qual já nos referimos.

Soneto de Natal

Um homem, – era aquela noite amiga,
Noite cristã, berço do Nazareno,
Ao relembrar os dias de pequeno,
E a viva dança, e a lépida cantiga,

Quis transportar ao verso doce e ameno
As sensações da sua idade antiga,
Naquela mesma velha noite amiga,
Noite cristã, berço do Nazareno.

Escolheu o soneto... A folha branca
Pede-lhe a inspiração; mas, frouxa e manca.
A pena não acode ao gesto seu.

E, em vão lutando contra o metro adverso,
Só lhe saiu este pequeno verso:
"Mudaria o Natal ou mudei eu?"

- Uma narrativa em verso de uma das passagens do Antigo Testamento:

O Dilúvio

E caiu a chuva sobre a terra quarenta
Dias e quarenta noites.
Gênesis – C.VII, v. 12

Do sol ao raio esplêndido,
Fecundo, abençoado,
A terra exausta e úmida
Surge, revive já;
que a morte inteira e rápida
Dos filhos do pecado
tudo tornou-se um mar;
E nesta cena lúgubre
Os gritos que soavam
Era um clamor uníssono
Que a terra ia acabar.
(...)
Só, como a ideia única
De um mundo que se acaba,
Erma, boiava intrépida,
A arca de Noé;
Pura das velhas nódoas
De tudo o que desaba,
Leva no seio incólumes
A virgindade e a fé.
(...)
Cheio de amor, solícito,
O olhar da divindade,
Vela os escapos náufragos
Da imensa aluvião.

Assim, por sobre o túmulo
Da extinta humanidade
Salva-se um berço; o vínculo
Da nova criação.
(...)
Ao sol e às brisas tépidas
Respira a terra um hausto,
Viçam de novo as árvores,
Brota de novo a flor;
E ao som de nossos cânticos,
Ao fumo do holocausto
Desaparece a cólera
Do rosto do Senhor.

- Seguem-se as poesias que enfocam duas das três virtudes teologais, apregoadas pela Igreja Católica:

Fé

Mueve, en fin, tu amor en tal manera,
Que, aunque no hubiera cielo, yo te amara.
Santa Teresa de Jesus

As orações dos homens
Subam eternamente aos teus ouvidos;
Eternamente aos teus ouvidos soem
Os cânticos da terra.

No turvo mar da vida
Onde aos parcéis do crime a alma naufraga,
A derradeira bússola nos seja,
Senhor, tua palavra,

A melhor segurança
Da nossa íntima paz, Senhor, é esta;
Esta a luz que há de abrir à estância eterna
O fúlgido caminho.

Ah! feliz o que pode,
No extremo adeus às coisas deste mundo,
Quando a alma, despida de vaidade,
Vê quanto vale a terra;

Quando das glórias frias
Que o tempo dá e o mesmo tempo some,
Despida já – os olhos moribundos
Volta às eternas glorias;

Feliz o que nos lábios,
No coração, na mente põe teu nome,
E só por ele cuida entrar cantando
No seio do infinito.

A Caridade

Ela tinha no rosto uma expressão tão calma
Como o sono inocente e primeiro de uma alma
Donde não se afastou ainda o olhar de Deus;
Uma serena graça, uma graça dos céus,
Era-lhe o casto, o brando, o delicado andar,
E nas asas da brisa iam-lhe a ondear
Sobre o gracioso colo as delicadas tranças.

(...)

E tu, ó caridade, ó virgem do Senhor,
No amoroso seio das crianças tomaste,
E entre beijos – só teus – o pranto lhes secaste
Dando-lhes pão, guarita, amparo, leito e amor.

Pois bem. Sabe-se que a poesia não mais ocuparia o centro das atividades literárias de Machado de Assis. O jovem queria explorar novo caminho, o da prosa. A esse respeito, citemos mais uma vez Jean-Michel Massa:[17] "... através de uns poucos sinais já se percebem alguns germes do nascimento de um homem de letras: por vezes um verso ou uma fórmula, frequentemente um pensamento ou uma atitude, ou uma tendência, uma aspiração ou um impulso, como os que estamos tentando captar. (...) O maior prosador brasileiro era antes de tudo um poeta. Fazia ele uma volta sobre si mesmo quando escreveu, no fim da vida, ao jovem amigo Magalhães de Azeredo: 'Cada idade tem a sua poesia, mas a mocidade é de si mesmo a poesia'".

A experiência de vida daquele moço se alargava e a sua visão pessoal do mundo fortalecia-lhe o agudo senso crítico. E nasceu o cronista, e robusteceu o narrador! Porém, sua vocação para a prosa não se deu da noite para o dia; ela vinha de longe, caminhando, até que explodiria nas crônicas, nos contos e nos romances. Vejamos os primórdios.

Em junho de 1856, Machado de Assis já ensaiara os seus primeiros passos na verdadeira vocação literária – a prosa – publicando na *Marmota* uma nova seção do jornal intitulada *Ideias Vagas*. A primeira ideia a ser divulgada por ele foi o conceito de *Poesia*.

---

[17] Massa, Jean-Michel. *Op. cit.*, p. 162.

Com dezessete anos, apenas, ele se revelou ao leitor numa atitude de pureza e de humildade, quando disse ao finalizar o texto:

> Aqui terminam as minhas ideias sobre a poesia e sobre os poetas. Perdoai, leitores, a minha fraca linguagem; é a de um jovem que estreia nas letras, e que pede proteção e benevolência. Ainda existem Mecenas piedosos: animai o escritor.

A partir de 1860, o cronista passou a colaborar em quatro jornais: Na *Marmota*, no *Espelho*, no *Paraíba* (em Petrópolis) e no *Correio Mercantil.* Mas foi a partir de sua contratação remunerada no *Diário do Rio de Janeiro* que Machado se sentiu "na imprensa". E no final de 1861 o grande jornal confiou-lhe uma crônica permanente.

Ele tinha 23 anos quando se atirou de lança e espada aos comentários políticos, iniciando o seu comprometimento com a gestão do gabinete e com os demais senadores. Jean-Michel Massa nos apresenta capítulos inteiros dedicados a explorar esse lado do escritor. Por fugir ao nosso propósito, deixamos de inserir aqui comentários a essas crônicas de denúncia (embora bem o quiséssemos fazer por serem apropriadas ao momento em que vivemos; mudam os tempos, mudam as pessoas, mas a corrupção e a desonestidade são as mesmas...). Massa dedica algumas páginas de seu livro à defesa do biografado. Indigna-se das acusações a Machado de que ele fora "um alienado" político. De fato, esta calúnia é, talvez, uma das maiores ofensas que já se possa ter cometido contra o maior escritor de nossa terra. É lamentável... Recomendamos ao leitor a leitura das crônicas machadianas. Muitas bocas se calarão e hão de dobrar muitos joelhos diante do Mestre...

No dia 22 de fevereiro de 1862, ele se despede com a crônica *Desgosto pela Política* e finaliza a sua indignação desta forma:

> Causa tédio ver como se caluniam os caracteres, como se deturpam as opiniões, como se invertem as ideias, a favor de interesses transitórios e materiais, e da exclusão de toda a opinião que não comunga com a dominante. (...) Nem fazem rir como D. Quixote, porque o namorado de Dulcineia, investindo para os moinhos de vento, nem armava a recompensa, nem queria medir amor por lançadas. Tinha a boa-fé da sua mania, e a sinceridade do seu ridículo. Estes não.

A náusea tomara conta de seu espírito combativo. Desgostoso, ele espaça as suas crônicas e "muda o rumo da conversa"; dedica-se a comentar a literatura nacional.

A partir de 1862, o escritor passa a colaborar na *Semana Ilustrada*, desta feita como crítico literário, arguto e sincero. E, no final desse mesmo ano, escreve também na quinzenária revista *O Futuro*, a convite do seu fundador, o grande amigo Faustino Xavier de Novaes, já referido por nós. Mas não terminam aí as atividades do gênio. De 1860 a 1862, ele se dedicaria também ao teatro, uma de suas paixões, compondo algumas peças; em 3 de janeiro de 1862 foi nomeado censor, cargo que ocuparia por longo tempo. E deu início ao trabalho de tradutor, encarregando-se das peças inglesas, das francesas, além de dar continuidade à dramaturgia própria, tarefa à qual já vinha se dedicando há tempos. O redobramento de suas atividades causou-lhe uma consulta ao oftalmologista, que lhe recomendou o uso de um *pince-nez*. Porém, seu estado de saúde deveria ser excelente, se não, como explicar a sua força de trabalho? A epilepsia somente se instalou naquele organismo pela época dos primeiros anos de casado, e a gagueira surgiu como reflexo da epilepsia (mais uma injustiça da crítica, que alardeia aos quatro cantos que Machado de Assis fora epilético e gago desde menino!).

Aqui voltamos ao que nos interessa, neste livro.

Ainda em 1862, Machado colaborou no terceiro número de *O Jornal do Povo* com uma carta anônima dirigida ao Bispo do Rio de Janeiro, D. Manuel do Monte Rodrigues de Araújo, conde de Irajá. Nela, o autor da missiva reforça o pedido de um outro articulista de jornal, que pedia o cancelamento de algumas práticas religiosas, uma vez que elas degeneravam em festas mais pagãs do que cristãs; uma delas era a procissão do Enterro do Senhor. Porém, o que mais se salienta, na carta, é o profundo estado de descontentamento do escritor com o clérigo. Impressionante é saber que, nessa época, o nosso Mestre da literatura contava apenas vinte e três anos (23 aninhos, leitor!) e já era tão sábio e perspicaz com relação à Igreja. Se essa carta fosse escrita hoje, seria tão atual quanto o foi, na época. Dela retiramos algumas epígrafes que se encontram esparsas ao longo de nossas considerações. Leiam com atenção, amigos leitores; a leitura dessa carta é imprescindível para que entendamos a descrença que se instalou naquela alma.

Eis a carta, na íntegra, com realce em negrito aos pontos mais fortes:

CARTA AO Sr. BISPO DO RIO DE JANEIRO

Exmo. Revmo. Sr.

No meio das práticas religiosas, a que as altas funções de prelado chamam hoje V. Exª., consinta que se possa ouvir o rogo, a queixa, a indignação, se não é duro o termo, de um cristão que é dos primeiros a admirar as raras e elevadas virtudes, que exortam a pessoa de V. Exª.

Não casual, senão premeditada e muito de propósito, é a coincidência desta carta com o dia de hoje. Escolhi, como próprio, o dia da mais solene comemoração da igreja, para fazer chegar a V. Exª. algumas palavras sem atavios de polêmica, mas simplesmente nascidas do coração.

Estou afeito desde a infância a ouvir louvar as virtudes e os profundos conhecimentos de V. Exª. Estes verifiquei-os mais tarde pela leitura das obras, que aí correm por honra de nossa terra; as virtudes se as não apreciei de perto, creio nelas hoje como dantes, por serem contestes todos quantos têm a ventura de tratar de perto com V. Exª.

É fiado nisso que me dirijo francamente à nossa primeira autoridade eclesiástica.

Logo ao começar este período de penitência e contrição, que está a findar, quando a Igreja celebra a admirável história da redenção, apareceu nas colunas das folhas diárias da Corte um bem elaborado artigo, pedindo a supressão de certas práticas religiosas do nosso país, que por grotescas e ridículas, afetavam de algum modo a sublimidade de nossa religião.

Em muito boas razões se firmavam o articulista para provar que as procissões, derivando de usanças pagãs, não podiam continuar a ser sancionadas por uma religião que veio destruir os cultos da gentilidade.

Mas a quaresma passou e as procissões com ela, e ainda hoje, Exmo. Sr., corre a população para assistir à que, sob a designação de *Enterro do Senhor*, vai percorrer esta noite as ruas da capital.

Não podem **as almas verdadeiramente cristãs** olhar para essas práticas sem tristeza e dor.

As consequências de tais usanças são de primeira intuição. Aos espíritos menos cultos, a ideia religiosa, despida do que tem mais elevado e místico, apresenta-se com as fórmulas mais materiais e mundanas. Ao que, menos rústicos, não tiveram, entretanto, bastante filosofia cristã para opor a esses espetáculos, **a esses entibia-se a fé, e o cepticismo invade o coração.**

E V. Exª. não poderá contestar que a nossa sociedade está afetada do flagelo da indiferença. Há indiferença em todas as classes, e a indiferença, melhor do que eu sabe V. Exª., é o veneno sutil, que corrói fibra por fibra um corpo social.

Em vez de ensinar a religião pelo seu lado sublime, ou antes pela sua verdadeira e única face, é pelas cenas impróprias e improveitosas que a propagam. Os nossos ofícios e mais fes-

tividades estão longe de oferecer a majestade e a gravidade imponente do culto cristão. São festas de folga, enfeitadas e confeitadas, falando muito aos olhos e nada ao coração.

Neste hábito de tornar os ofícios divinos e provas de ostentação, as confrarias e irmandades, destinadas à celebração dos respectivos oragos, levam o fervor até uma luta vergonhosa e indigna, de influências pecuniárias; cabe a vitória, à que melhor e mais pagamente reveste a sua celebração. Lembrarei, entre outros fatos, a luta de duas ordens terceiras, hoje em tréguas, relativamente à procissão do dia de hoje. Nesse conflito só havia um fito – a ostentação dos recursos e do gosto, e um resultado que não era para a religião, mas sim para as paixões e interesses terrestres.

Para esta situação deplorável, Exmo. Sr., contribui imensamente o nosso clero. Sei que toco em chaga tremenda, mas V. Exª. reconhecerá sem dúvida que, mesmo errando, devo ser absolvido, atenta a pureza das intenções que levo no meu enunciado.

O nosso clero está longe de ser aquilo que pede a religião do cristianismo. Reservadas as exceções, o nosso sacerdote nada tem do caráter piedoso e nobre que convém aos ministros do crucificado.

E, a meu ver, não há religião melhor que possa contar bons e dignos levitas. Aqueles discípulos do filho de Deus, por promessa dele tornados pescadores de homens, deviam dar lugar a imitações severas e dignas; mas não é assim, Exmo. sr., não há aqui sacerdócio, há ofício rendoso, como tal considerado pelos que o exercem, e os que o exercem são o vício e a ignorância, feitas as pouquíssimas e honrosas exceções. Não serei exagerado se disser que o altar tornou-se balcão e o evangelho tabuleta. Em que pese a esses duplamente pecadores, é preciso que V. Exª. ouça estas verdades.

As queixas são constantes e clamorosas contra o clero; eu não faço mais que reuni-las e enunciá-las por escrito.

Fundam-se elas em fatos que, pela vulgaridade, não merecem menção. *Merca-se no templo, Exmo. Sr., como se mercava outrora quanto Cristo expeliu os profanadores dos sagrados lares. Mas a certeza de que um novo Cristo não virá expeli-los, e a própria tibieza da fé nesses corações, anima-os e põe-lhes na alma a tranquilidade e o pouco caso pelo futuro.*

Esta situação é funesta para a fé, funesta para a sociedade. Se, como creio, a religião é uma grande força, não só social, senão também humana, não se pode contestar que por esse lado a nossa sociedade contém em seu seio poderosos elementos de dissolução.

Dobram, entre nós, as razões pelas quais o clero de todos os países católicos tem sido acusado.

No meio da indiferença e do cepticismo social, qual era o papel que cabia ao clero? Um: converter-se ao Evangelho e ganhar nas consciências o terreno perdido. Não acontecendo assim, as invectivas praticadas pela imoralidade clerical, longe de afrouxarem e diminuírem, crescem de número e de energia.

Com a situação atual de chefe da Igreja, V. Exª. compreende bem que triste resultado pode provir daqui.

Felizmente que a ignorância da maior parte de nossos clérigos evita a organização de um partido clerical, que, com o pretexto de socorrer a Igreja nas suas tribulações temporais, venha lançar a perturbação nas consciências, nada adiantando à situação do supremo chefe católico.

Não sei se digo uma heresia, mas por esta vantagem acho que é de apreciar essa ignorância.

Dessa ignorância e dos maus costumes da falange eclesiástica é que nasce um poderoso auxílio ao estado do depreciamento da religião.

Proveniente dessa situação, a educação religiosa, dada no centro das famílias, não responde aos verdadeiros preceitos da fé. A religião ensinada pela prática e como prática, e nunca pelo sentimento como sentimento.

O indivíduo que afaz desde a infância a essas fórmulas grotescas, se não tem por si a luz da filosofia, fica condenado para sempre a não compreender, e menos conceber, verdadeira ideia religiosa.

E agora veja V. Exª. mais: há muito bom cristão que compara as nossas práticas católicas com as dos ritos dissidentes, e, para não mentir ao coração, dá preferência a estas por vê-las símplices, severas, graves, próprias do culto de Deus.

E realmente a diferença é considerável.

Note bem, Exmo. Sr., que eu me refiro somente às excrescências da nossa Igreja Católica, à prostituição do culto entre nós. Estou longe de condenar as práticas sérias. O que revolta é ver a materialização grotesca das cousas divinas, quando elas devem ter manifestação mais elevada, e, aplicando a bela expressão de São Paulo, **estão escritas não com tinta, mas com o espírito de Deus vivo, não em tábuas de pedra, mas em tábuas de carne do coração.**

O remédio a estes desregramentos da parte secular e eclesiástica empregada no culto da religião deve ser enérgico, posto que não se possa contar com resultados imediatos e definitivos.

Pôr um termo às velhas usanças dos tempos coloniais, e encaminhar o culto para melhores, para verdadeiras fórmulas; fazer praticar o ensino religioso como sentimento e como ideia, e moralizar o clero com as medidas convenientes, são, Exmo. Sr., necessidades urgentíssimas.

É grande o descrédito da religião, porque é grande o descrédito do clero. E V. Exª. deve saber que os maus intérpretes são nocivos aos dogmas mais santos.

Desacreditada a religião, abala-se essa grande base da moral, e onde irá parar esta sociedade?

Sei que V. Exª. se alguma cousa fizer no sentido de curar estas chagas, que não conhece, há de ver levantar-se em roda de si muitos inimigos, desses que lhe devem ser pares no sofrimento e na glória. Mas V. Exª. é bastante cioso das cousas santas para olhar com desdém para as misérias eclesiásticas e levantar a sua consciência de sábio prelado acima dos interesses dos falsos ministros do altar.

V. Exª. receberá os protestos de minha veneração e me deitará a sua bênção.

Como veem, leitores, Machado condenou, na carta, o tipo de religião que apenas ostenta atitudes vaidosas – sinal de crença superficial – e louvou a religião interna e sincera. Bateu de frente, ainda, com a imoralidade e a depravação do clero. Depois, quando a Igreja atendeu a sua reivindicação, um ano mais tarde, Machado de Assis confessou a autoria da carta. Referindo-se ao episódio, Jean-Michel Massa assim se pronuncia: "Desta forma, pode-se reconstituir a atitude do autor em relação à religião. Desejava que ela fosse profundamente vivida e correspondesse a uma entrega total. Graças ao anonimato, pôde ser mais sincero nas suas afirmações. Lamentou que a educação religiosa – sua educação religiosa – não tenha sido mais séria".

Curioso é lembrar que, em crônica posterior, ou seja, em 1865, o cronista diria, ao recordar a infância:

> Há de custar muito a fazer-se com que o nosso povo perca de uma vez o gosto das procissões. Foi educado com elas; é uma tradição de infância. Os velhos de 1865 fazem um triste juízo de nós, quando comparam o nosso tempo ao tempo do rei. O rei tinha predileções confessadas por todas as velhas carolices. Os contemporâneos dele choram hoje pelo bom tempo dos oratórios de pedra, dos terços cantados, das procissões bem ordenadas, das ladainhas atrás do viático, das boas festas e dos bons frades, da verdadeira fé e dos verdadeiros filhos de Deus. Não há dúvida que havia então certa ingenuidade de costumes; a carolice não elevava o espírito daquela gente, mas dava-lhes às vezes certa atmosfera de pureza à alma. Havia fé e boa-fé. Todavia, para que um povo seja profundamente religioso, é preciso que não seja profundamente carola.

Por esse comentário de Machado, percebe-se o alargamento de sua descrença também aos fiéis católicos.

Cremos ser pertinente, agora, caro leitor, recordar uma outra carta de Machado de Assis dirigida a um outro padre – desta vez em uma crônica de 1° de janeiro de 1877 –, em que ele novamente faz um pedido à Igreja Católica. A carta foi dirigida ao Bispo capelão-mor. O cronista refere-se à torre da Igreja da Glória, não a do Outeiro, mas a do Largo do Machado, comentando a triste ideia de se lhe colocarem um sino sobre a torre, que reproduzisse a música clássica ouvida outrora na pequena igreja da Lapa dos Mercadores; ou seja, substituir o som original do sino por música profana. O escritor se dirige ao Bispo com certa ironia, rematando assim:

> Dirigindo-me, pois, a V. Exª. tenho por fim solicitar sua atenção para o uso dos sinos musicais, que pode propagar-se na cidade toda, e transformá-la numa imensa filarmônica. V. Exª. pode, com seus paternais conselhos, ter mão ao uso, bastando-lhe dizer que a igreja católica é uma coisa austera, que os sinos têm uma linguagem secular, uma harmonia única. Não a troquemos por outra, que é despojá-los do seu encanto, é quase mudar a feição ao culto.

Essa carta reforça a nossa ideia exposta no 2° capítulo do livro, quando abordamos o gosto machadiano pelos sinos das igrejas.

Vamos saltar, agora, alguns anos, e atingir 1897, pois Machado de Assis, a 24 de janeiro, n'**A Semana**, voltaria a lembrar alguns padres que ele conhecera, cujos nomes enalteceu nessa crônica; dentre eles, o mesmo bispo D. Manuel de Monte Rodrigues, a quem ele escrevera em 1862 a carta anônima à qual já nos referimos.

> (...) A impressão que me ficou mais funda foi a daquele D. Manuel do Monte Rodrigues, Conde de Irajá. A boca cheia de riso, como Frei Luís de Sousa refere de S. Bartolomeu dos Mártires, os olhos pequenos, com a pouca luz restante, coados pelos (...) Um dia, porém, D. Manuel morreu. A terra, credor que não perdoa, e apenas reformará algumas letras, veio pedir-lhe a restituição do empréstimo. D. Manuel entregou-lho, aumentado dos juros de uma vida de virtudes e trabalhos.

Voltemos no tempo.

Em 1863, um acontecimento político – "A questão Christie" – sacudiu o tédio machadiano, e o escritor readquiriu o hábito de combater a política nacional e estrangeira. Com suas críticas, ele angariava novos inimigos, mas não se intimidava, e continuou a defender a verdade e a vergonha, em suas crônicas diárias: "O folhetim é como os gatos: acaricia arranhando".[18]

Não nos interessa narrar aquele fato político nesse livro. Há um outro caso, esse sim, pertinente às nossas considerações. Trata-se de seus ataques ao jornal clerical *A Cruz*.[19] Machado censurava o jornal por misturar os planos espiritual e temporal, ou seja, mesclar assuntos políticos a temas religiosos; como, por exemplo, a simpatia da folha católica pela aventura imperialista que a França estava patrocinando em nosso continente e, no mesmo exemplar, a antipatia pelo protestantismo. Seus artigos suscitavam nos leitores o desprezo aos pastores protestantes – notadamente o Reverendo Kelly, que chegou a ser atacado na rua por alguns católicos mais inflamados. Em 20 de junho de 1864, no *Diário*, Machado escreve assim:

> Mudo de rumo. Por exemplo, faço uma perguntinha à *Cruz*, órgão da sacristia da Candelária. A *Cruz* parece olhar com bons olhos a expedição francesa, sem dúvida por lembrar-se de que ela achou um esteio no partido clerical do México. Sabe acaso a *Cruz* que já as coisas não andam bem entre os generosos estrangeiros e os pastores da igreja mexicana? Sabe que o arcebispo do México declarou em um escrito que a religião e seus ministros eram muito mais infelizes sob a ditadura francesa do que sob o governo de Juarez? Dou este aviso à *Cruz* para que ela não esfrie o santo zelo de que anda possuída.

---

18 *Diário*, 5 de setembro de 1864.

19 Magalhães Jr. relata todas as querelas de Machado de Assis com esse jornal em sua obra já citada por nós, no vol. 1.

E alerta, com fina ironia, para o perigo de se ler *A Cruz*:

> Direi, contudo, que já descobri a utilidade desta folha, e estou de pensar com os que entendem que uma imprensa deste gênero não serve aos legítimos interesses da religião. Serve de muito. O modo, porém, é engenhoso, e adivinha-se até no título das gazetas. A *Cruz* é realmente cruz: serve para experimentar a fé dos católicos; se, no fim de um mês de leitura, o católico não tem perdido a fé em que vive, está livre de tornar-se herege.[20]

A religião católica fora decretada oficial, no país, mas outras crenças reclamavam e lutavam por seu espaço. A questão explodia no Rio de Janeiro, e o cronista ataca o jornal católico – *O Cruzeiro do Brasil* (a **Cruz** mudara de nome, o jornal era o mesmo) – que havia criticado o governo por ter a polícia protegido um vendedor de Bíblia – o mesmo evangélico metodista, Dr. Kelly – que quase fora linchado por uma turba católica, desta feita em Niterói. No artigo – 22 de novembro de 1864 –, Machado defende a liberdade religiosa garantida na Constituição Brasileira.

> Nada do que diz o **Cruzeiro** é novo; mas nem por isso deixa de ser lamentável que se imprimam coisas tais em um país onde a liberdade religiosa, se não é completa, está já adiantada.

No dia 29 de novembro do mesmo ano, ele fez uma dura crítica à Constituição:

> O defeito da constituição está em não ter completado a liberdade, tirando os entraves que lhe impõe, e em declarar a religião católica como religião do Estado. (...) No dia em

[20] *Diário*. 26/07/1864.

> que se tiver saído da tolerância para a liberdade completa, teremos dado o último passo neste assunto. Que os leitores me permitam a figura – a tolerância assemelha-se a uma gaiola de papagaio, aberta por todos os lados, sem aparências mesmo de gaiola, mas onde a ave fica presa por uma corrente que lhe vem do pé ao poleiro. Quebre-se a corrente, uma vez por todas, e dê-se a liberdade ao pobre animal. Um sistema político como o nosso que, a pretexto de proteger os rouxinóis, protege cem papagaios por cada rouxinol, parece incrível que nutra tanta aversão a este judicioso conselho.

Porém, apesar dos ataques constantes aos jornais católicos, ele fazia jus a certos membros do clérigo, dizendo na crônica do dia 28 de fevereiro de 1865:

> Há no clero brasileiro espíritos esclarecidos e sinceros. Esses que façam a propaganda.

Em outra ocasião, quando o padre Joaquim Pinto de Campos, deputado-geral por Pernambuco, condenou a leitura e a propagação do livro *A Vida de Jesus*, de Renan – escritor francês –, o cronista diz assim:

> (...) Monsenhor Pinto de Campos começa por aconselhar o exílio do livro, e acaba por insinuar a queima dele. Na opinião de S. Revma., é o que devem fazer todos os bons católicos. Tal conselho, nestes tempos de liberdade, nem mesmo provoca indignação – é simplesmente ridículo. Que teme por esse livro monsenhor Pinto de Campos?[21] Ele mesmo declara que é um livro absurdo, onde a impiedade não raciocina com a lógica de Strauss, – o que provaria antes a necessidade de exilar o livro

[21] Padre Joaquim Pinto de Campos, deputado-geral por Pernambuco.

> de Strauss e não o de Renan. Eu, de mim, digo que li A *Vida de Jesus* sem perder a mínima parte das minhas crenças; mas não fui queimá-lo depois da leitura, nem adiro, como o Diário de Pernambuco, às doutrinas de monsenhor Pinto de Campos.

Há, ainda nas discussões machadianas com *A Cruz*, uma crônica – 7 de agosto de 1864 – em que o escritor se refere à Virgem Maria, figura pouquíssimas vezes citada por ele em sua obra. Por essa alusão à Virgem, depreende-se o respeito que ele devotava à mãe de Jesus:

> A *Cruz* continua a ver no general Pélissier um modelo de homem católico (...) Às razões já apresentadas, acrescenta a *Cruz* mais uma, no número que distribuiu ontem. Tratava-se da guerra da Crimeia; marcou-se o assalto a Sebastopol para o dia 8 de setembro. Houve quem objetasse que alguns antipapistas (sic) podiam ver a escolha do dia como um excesso de devoção; então o general Pélissier insistiu dizendo que, exatamente por ser aquele o dia da Virgem, é que se devia dar o assalto, confiando-se na proteção da mãe de Deus, pensassem os antipapistas o que lhes parecesse. E Sebastopol, diz a *Cruz*, foi tomada no dia 8 de setembro. Ora, para mim é ponto de fé que a Virgem não intervém de forma alguma nesta coisa iníqua, ridícula, bárbara e grotesca, que se chama – Guerra, – acho que era este o caso de dizer ao finado duque de Malakof: – Fia-te na Virgem e não corras! – A força e a perícia dos aliados é que venceram a batalha; o dia não produziu a vitória, como a bênção do papa não legitimou o império mexicano (com o perdão do Sr. Lopes Neto).

Mas... qual seria, afinal, a posição de Machado com referência aos dirigentes da *sua* (pelo menos seus pais quiseram que assim o fosse...) Igreja Católica? Vejamos o assunto no primeiro tópico a seguir, aquele que abrirá uma série de considerações no próximo capítulo.

Quarto Capítulo

CONSIDERAÇÕES PERTINENTES

Machado de Assis e os padres

Quincas Borba não dizia pulhices a respeito de padres, nem desconceituava doutrinas católicas; mas não falava nem da igreja nem dos seus servos.

Quincas Borba

O nosso clero está longe de ser aquilo que pede a religião do cristianismo. Reservadas as exceções, o nosso sacerdote nada tem do caráter piedoso e nobre que convém aos ministros do crucificado. (...) Não serei exagerado se disser que o altar tornou-se balcão e o evangelho tabuleta. (...) É grande o descrédito da religião, porque é grande o descrédito do clero. E V. Exª. deve saber que os maus intérpretes são nocivos aos dogmas mais santos. (...) Estou longe de condenar as práticas sérias.

Machado de Assis[1]

---

1 *Carta ao Sr. Bispo do Rio de Janeiro* (1862).

Sem exageração, o nosso clero é tacanho e mesquinho; nada enxerga para fora das paredes da sacristia, metade por ignorância, metade por sistema. Notem bem que eu não digo fanatismo ou excesso de fé.
Machado de Assis[2]

Antes de perder as ilusões completamente, o escritor encaixa em suas histórias o tipo do sacerdote ideal:

> ... o varão apostólico, homem de sua igreja e de seu Deus, íntegro na fé, constante na esperança, ardente na caridade.

Essa é a descrição da personagem Padre Melchior, do romance **Helena** (1876). O confessor da heroína obedece aos mandamentos e confessa a sua fé inabalável, apregoando o modelo de cristão:

> Não basta supor que se crê, nem basta crer à ligeira, como na região obscura da Ásia, onde nunca se pretende pôr os pés.

E o padre define assim a existência de Deus:

> O Deus de que te falo, não é só essa sublime necessidade do espírito, que apenas contenta alguns filósofos; falo-te do Deus criador e remunerador, do Deus que lê no fundo de nossas consciências, que nos deu a vida, que nos há de dar a morte, e, além da morte, o prêmio ou o castigo.

---

[2] *Crônica* de 1863.

Mais tarde, em *Memórias Póstumas de Brás Cubas* (1891), o cônego Ildefonso é delineado como o avesso de Melchior:

> Não era homem que visse a parte substancial da Igreja; via o lado externo, a hierarquia, as preeminências, as sobrepelizes, as circunflexões. Vinha antes da sacristia que do altar. Uma lacuna no ritual excitava-o mais do que uma infração dos mandamentos. (...) Cônego foi a única ambição de sua vida; e dizia de coração que era a maior dignidade a que podia aspirar. Piedoso, severo nos costumes, minucioso na observância das regras, frouxo, acanhado, subalterno, possuía algumas virtudes, em que era exemplar, mas carecia absolutamente da força de as incutir, de as impor aos outros.

Cremos que, no espaço que vai de 1864 a 1881, Machado sofreu algumas decepções com os dirigentes da Igreja, quando da observação arguta de seus comportamentos antiéticos: inserção na vida laica; inserção na política do compadrio; a ostentação; a ganância; o descumprimento dos preceitos de caridade, humildade e castidade, bem como a extrema vaidade. Interessados em preservar o seu domínio, os padres aliavam-se à opressão, ao desprezo àqueles que se opusessem aos seus valores. Enauseado, perplexo diante das mudanças que se operavam dentro da fé católica, o escritor se volta ao passado e relembra vultos que enalteceram a figura da Igreja; o intuito novamente seria o de sacudir a consciência daqueles prelados que liam as suas composições literárias nos jornais. Santo Agostinho pode ser considerado uma das personalidades católicas mais admiradas por Machado de Assis, bem como o modelo que ele propagava; a referência ao santo aparece em vários escritos. Colhemos um, de extrema religiosidade, apesar da ironia que perpassa o “pedido de perdão”. Trata-se da crônica do dia 28 de fevereiro de 1897:

> Antes de cochilar, podia fazer um exame de consciência e uma confissão pública, à maneira de Sarah Bernhardt[3] ou de Santo Agostinho[4]. Oh! perdoa-me, santo de minha devoção, perdoa esta união do teu nome com o da ilustre trágica; mas este século acabou por deitar todos os nomes no mesmo cesto, misturá-los, tirá-los sem ordem e cosê-los sem escolha. É um século fatigado. (...) O meu exame de consciência, se houvesse de fazê-lo, não imitaria Agostinho nem Sarah. Nem tanta humildade, nem tanta glória. O grande santo dividiu, é verdade, as confissões humanas em duas ordens, uma que é um louvor, outra que é um gemido, definindo assim as suas e as da representante de Dona Sol. (...) A imitar uma das duas, acho que a mais difícil seria a de Sarah. (...)

Deixamos de incluir a crônica de 17 de julho de 1864 no tópico em que nos referimos à contenda machadiana com o jornal católico *A Cruz*, porque o assunto abordado naquela data se encaixa melhor ao nosso pensamento de agora; o momento pertinente é este, quando tratamos da relação de Machado com os padres. Vejam o que ele escreveu:

> Acabo de receber a ***Cruz*** – *a tout seigneur, tout honner*. Querem saber o que é um bom bispo? A ***Cruz*** encontrou o modelo no arcebispo de Dublim, de quem transcreve um pedaço de um mandamento, dirigido ao clero, por ocasião do mês de Maria. O ilustre prelado trata, a propósito do mês de Maria, da viagem de Garibaldi a Londres. A piedade episcopal é de uma doçura admirável. (...) Honras divinas a Garibaldi! Ora, eis aqui uma ideia da divindade que não se havia descoberto no seio de uma sociedade cristã. O Sr. Arcebispo

---

3 Henriette-Rosine Bernhardt: cortesã e atriz francesa *(La Dame aux Camélias).*

4 Aurélio Agostinho: filósofo neoplatônico cristão, convertido pelas mãos de Santo Ambrósio.

> de Dublim falou como um cidadão romano falaria de César, na qualidade de um adversário político. Então as festas, os jantares, as flores, as aclamações da cidade de Londres são coisas que se aproximam do culto da divindade? Que mais? Garibaldi só venceu quando os seus antagonistas foram comprados, e os seus antagonistas, isto é, os que são – amigos do papa e do sacerdócio católico – os que não tinham carreira "de perfídia", esses deixaram-se comprar, traíram a causa pontifícia, fizeram uma carreira "de perfídia". Pode ser que esta linguagem dê a medida de um bispo modelo? Mas, com certeza, não dá a ideia de um bispo reconhecido, e, segundo me parece não é dado, nem mesmo a um bispo, divorciar-se da lógica e da gratidão.

Mas, já em crônica de 1863, publicada em *O Futuro*, o escritor dissera a respeito do clero:

> Em um país novo, cuja maioria se divide em dois campos, a indiferença e a carolice, a missão dos ministros do altar era outra, era a missão apostólica, tolerante, elevada, a fim de convencer os incrédulos, e trazer os fanáticos ao conhecimento dos verdadeiros princípios da Igreja. Em vez disso, os nossos padres divertem-se em lançar às urnas eleitorais a interdição religiosa, ou escrever gazetas sem tom nem som, a respeito dos quais ninguém sabe o que admirar mais, se a impudência dos redatores, se a paciência dos assinantes.

Em crônica de 01/11/1864, publicada no Diário do Rio de Janeiro, encontramos mais um ataque aos padres:

> Todos os primeiros chefes da Igreja estão na lista dos santos que se comemoram hoje; mas, de certa época em diante, raro pontífice subiu da cadeira de S. Pedro ao trono da Bem-aventurança dos Santos. Os vigários de Cristo fazem santos, mas não podem sê-lo, observação digna de ser meditada.

O cronista não poupava as suas páginas de críticas aos oradores sacros:

> O clero é medíocre, a eloquência sagrada abateu-se até o nível do clero. Para ser orador sagrado basta hoje uma cousa única: abrir a boca e soltar um discurso.[5]

Foi na figura de São Paulo que nosso escritor viu o lado heroico e realmente missionário que os anos idos lhe haviam dado a conhecer. Encontram-se, em sua obra, várias referências ao apóstolo santo. A mais bela, sem dúvida é essa, na poesia:

Os Semeadores
(Século XVI)

Eis aí saiu o que semeia a semear...
Mat., XIII, 3.

Vós os que hoje colheis, por esses campos largos
O doce fruto e a flor,
Acaso esquecereis os ásperos e amargos
Tempos do semeador?
Rude era o chão; agreste e longo aquele dia;
Contudo, esses heróis
Souberam resistir na afanosa porfia
Aos temporais e aos sóis.

[5] Crônica de 15/03/1865. *Diário.*

Poucos; mas vontade os poucos multiplica,
E a fé, e as orações
Fizeram transformar a terra pobre em rica
E os centos em milhões.

Nem somente o labor, mas o perigo, a fome,
O frio, a descalcez,
O morrer cada dia uma morte sem nome,
O morrê-la, talvez,

Entre bárbaras mãos, como se fora crime,
Como se fora réu
Quem lhe ensinara aquela ação pura e sublime
De as levantar ao céu!

Ó Paulos do sertão! Que dia e que batalha!
Venceste-la; e podeis
Entre as dobras dormir da secular mortalha;
Vivereis, vivereis!

Destituídos da força beatificadora de São Paulo, no entanto, os sacerdotes que Machado observava seguiam os apelos do mundo, e em sua obra missionária não havia lugar para a semeadura; a política os fascinava e a ela os prelados se atiravam. A personagem José Dias (*Dom Casmurro*) viria a espelhar e atestar essa impressão machadiana, no diálogo que mantém com Tio Cosme:

> Bem, uma vez que não perdeu a ideia de o fazer padre (referia-se à mãe de Bentinho, que tentava forçá-lo a entrar para o Seminário), tem-se ganho o principal. Bentinho há de satisfazer os desejos de sua mãe. E depois a Igreja brasileira tem altos destinos. Não esqueçamos que um bispo presidiu a Constituinte, e

> que o padre Feijó governou o Império. (...) O que eu quero dizer é que o clero ainda tem grande papel no Brasil.

Na crônica do dia vinte e quatro de janeiro de 1897, Machado faz referências a vários sacerdotes (entre elas ao famoso bispo de Olinda, D. Vital). As mais interessantes estão esparsas nesse livro.

Falemos da inserção dos padres na obra ficcionista machadiana. O escritor pinta a maioria dos representantes da Igreja Católica, personagens em seus romances e contos, com a "tinta da galhofa". Assim foi: o Cônego Ildefonso (*Brás Cubas*), é modelo do padre conselheiro das famílias; o Padre Cabral (*Dom Casmurro*) semelha um indivíduo grotesco, ligado aos exageros da boa mesa, e com título cuja significação é desconhecida do povo – protonotário apostólico – mas que soa com certa alusão à nobreza hierárquica católica; o Padre Roxo (*D. Benedita*) é apresentado como o trinchante-mor dos perus festivos, bem como o conselheiro das moçoilas que ousassem desobedecer aos pais na escolha de seus maridos; o Padre Perereca (*Casa Velha*) é apenas um compilador de histórias; o Cônego Vargas (*A Sereníssima República*) abdica de sua verdadeira missão para se dedicar à ciência que nada acrescenta, por serem inúteis e frívolos os seus motivos; o Cônego Matias (*Metafísica do Estilo*) não fica atrás, embrenhando-se na retórica chula e sem sentido; o Padre Teófilo (*Frei Simão*) é o protótipo do sujeito que se embrenha na vida religiosa para curar uma paixão mundana impossível. Há outros tipos prosaicos, mas fiquemos com esses. Para fechar, lembremos Raymundo Faoro,[6] que comenta assim o perfil do padre na obra machadiana:

---

[6] Faoro, Raymundo. *Machado de Assis: a pirâmide e o trapézio.* Rio de Janeiro, Globo, 1988, p. 459 e 438.

> O padre, depois de uma trajetória gloriosa, não se desnatura, nem se envilece na pena do escritor. (...) Todos os padres de Machado de Assis, sejam missionários ou intrigantes, sinceros defensores da fé ou homens seduzidos pela carreira eclesiástica, não possuem a essência do sacerdócio.

Ao que nós acrescentamos: Machado foi um escritor de seu tempo. Ele narra o painel do século XIX, em que encontramos figuras canônicas menos autoritárias do que os pais de família, é verdade, mas sem que isso significasse superioridade de espírito daqueles homens da Igreja; há, ainda, aqueles de benevolência caricata; mas a sua conduta jocosa e impregnada de desejo de aproximação dos fiéis é antes um traço de laicismo e de desvio do papel evangelizador; este, sim, o único que lhes deveria andar a nortear o espírito cristão.

O pecado, na visão machadiana

Fausse pieté, doublé péché.
Pascal

De mim, vou bem, apenas com os achaques da velhice,
mas suportando sem novidade o pecado original,
deixe-me chamar-lhe assim.
Machado de Assis[7]

[7] Carta a Mário de Alencar – 21 de janeiro de 1908. Machado referiu-se à sua doença como pecado original.

Pecados são ações, intenções ou omissões graves;
não se devem contar todas, nem integralmente,
mas só a parte que menos pesa à alma
e não faz desmerecer uma pessoa no conceito dos homens.
Machado de Assis[8]

As personagens machadianas sempre espelharam a sociedade de época. Em suas histórias encontram-se pseudocatólicos; os desvios acompanham as consciências, que se afundam nos pecados capitais. Assiste-se à decomposição da fé.

> As personagens de Machado de Assis, encontrando o mundo transformado, já perderam a saudade da fé, o sentimento das realidades divergentes e inconciliáveis, que inspirava o *pathos* da tragédia. Na diferença do universo, apenas ativo por efeito de sua força intrínseca, Deus não só está mudo, senão que se ausentou do destino dos homens. (...) O mundo se estreita na caça do dinheiro, o cristão se anula no burguês, na imensa paisagem desolada e perdida do Diabo. Mas nem tudo é permitido: mortos os mandamentos, ainda vigoram as convenções e a polícia, que vigiam as ruas, os bancos, as assembleias de acionistas. Certo, há a consciência que rói surdamente, mas o brilho do vil metal a pacifica, como outrora a prece.[9]

Assim, as personagens católicas machadianas, espelho da realidade do autor, perderam as raízes cristãs que outrora as alimentaram e lhes insuflaram o temor a Deus. Esse deus de agora se afunda no pieguismo e seria um extravio acreditar nele, crença essa impedida pela sabedoria do tempo, transmudada em mil

---

[8] *A Semana*, 28/02/1897.

[9] Faoro, Raymundo. *Op. cit.*, p. 392.

questionamentos. Os mandamentos da "Santa Madre Igreja" não passam do dever seco e estéril, ético e não religioso. As promessas são tentativas de barganhas com o céu:

> Prometo rezar mil padre-nossos e mil ave-marias, se José Dias arranjar que eu não vá para o seminário (*Dom Casmurro*).

A participação nas cerimônias católicas converge para a exibição de privilégios – atestados de hierarquia social – e o exercício da vaidade. Ei-la, descrita por Bentinho (*Dom Casmurro*):

> A distinção especial do pálio vinha de cobrir o vigário e o sacramento; para tocha qualquer pessoa servia. Foi ele mesmo que me contou e explicou isso, cheio de uma glória pia e risonha. Assim fica entendido o alvoroço com que entrara na igreja; era a segunda vez do pálio, tanto que cuidou logo de pedi-lo. E nada! (...) Quando me vi com uma das varas, passando pelos fiéis, que se ajoelhavam, fiquei comovido. Pádua roía a tocha amargamente. É uma metáfora, não acho outra forma mais viva de dizer a dor e a humilhação do meu vizinho. De resto, não pude mirá-lo por muito tempo, nem ao agregado, que, paralelamente a mim, erguia a cabeça com o ar de ser ele próprio o Deus dos exércitos.

Também o cumprimento ao rito católico é ocasião de puro exibicionismo; é causador de inveja, de competições. O sentido agregador de comunidade está ausente; o que se apresenta são cristãos isolados e divididos na torrente de paixões mundanas e frívolas. As missas encomendadas em sufrágio das almas ou comemoração de aniversários convertem-se em mero respeito à obrigação do preceito canônico, convertido ao serviço do relevo público. A formalidade destrói o sentido religioso. A missa, os sacramentos, os enterros são festas para os vivos, sem atenção às almas; uma vez que estas já se foram, resta salvaguardar as conveniências:

> Não esqueça dizer que Rubião tomou a si mandar dizer uma missa por alma do finado, embora soubesse ou pressentisse que ele não era católico. (...) considerando que não era ato de vontade do morto, mas prece de vivos; considerou mais que seria um escândalo na cidade, se ele, nomeado herdeiro pelo defunto, deixasse de dar ao seu protetor os sufrágios que não se negam aos mais miseráveis e avaros deste mundo. (...) Se algumas pessoas deixaram de comparecer, para não assistir à glória de Rubião, muitas outras foram – e não da ralé – as quais viram a compunção verdadeira do antigo mestre de meninos *(Quincas Borba).*

Em outro romance – *Esaú e Jacó* – Machado reafirmaria a crítica à diferença social que dividia o público das missas mandadas rezar pelos defuntos:

> Às oito horas parou um coupé à porta; o lacaio desceu, abriu a portinhola, desbarretou-se e perfilou-se; saiu um senhor e deu a mão a uma senhora, a senhora saiu e tomou o braço ao senhor, atravessaram o pedacinho de largo e entraram na igreja. Na sacristia era tudo espanto. A alma que a tais sítios atraíra um carro de luxo, cavalos de raça, e duas pessoas tão finas não seria como as outras almas ali sufragadas. A missa foi ouvida sem pêsames nem lágrimas. (...) A gente local não falou de outra cousa naquele e nos dias seguintes. Sacristão e vizinhos relembravam o coupé, com orgulho. Era a missa do coupé. As outras missas vieram vindo, todas a pé, algumas de sapato roto, não raras descalças, capinhas velhas, morins estragados, missas de chita ao domingo, missas de tamancos. Tudo voltou ao costume, mas a missa do coupé viveu na memória por muitos meses. Afinal, não se falou mais nela; esqueceu como um baile.

Brás Cubas é uma personagem sem escrúpulos religiosos, mormente diante do adultério de Virgília:

> Ei-nos a caminhar sem saber até onde, nem por que estradas excusas; problema que me assustou, durante algumas semanas, mas cuja solução entreguei ao destino (...) Disse eu comigo que já agora seria o que Deus quisesse. Era a nossa sorte amar-nos; se assim não fora, como explicaríamos a valsa e o resto? *(Memórias Póstumas de Brás Cubas).*

A amante, Virgília, é descrita como pseudocristã:

> Virgília era um pouco religiosa. Não ouvia missa aos domingos, é verdade, e creio que só ia às igrejas em dia de festa, e quando havia lugar vago em alguma tribuna. Mas rezava todas as noites, com fervor, ou, pelo menos, com sono. (...) Na alcova dela havia um oratoriozinho de jacarandá, obra de talha, de três palmos de altura, com três imagens dentro; mas não falava dele às amigas; ao contrário, tachava de beatas as que eram só religiosas.

No mundo de então não havia lugar para o heroísmo cristão. A negação de São Pedro a Cristo se repetia:

> Algum tempo desconfiei que havia nela certo vexame de crer, e que sua religião era uma espécie de camisa de flanela, preservativa e clandestina; mas evidentemente era engano meu *(Brás Cubas).*

Dessa forma, a maioria das personagens de Machado apresenta restos apagados de consciência religiosa, destituídos que são da prática que dita a religião autêntica. As mulheres machadianas são, em geral, nascidas dentro da crença católica. Mas todas elas convivem com o pecado. O pecado convive com o ridículo, sublinhado pelo deslocamento da culpa. Virgília, Sofia e Capitu testemunham, simbolicamente, o adultério complacente, em que se coadunam a luxúria e a quebra dos preceitos cristãos; o trio feminino é autor da mesma fraqueza humana – a traição –, mas o perfil simpático traçado pelo narrador conduz o leitor a aceitar a transgressão aos princípios católicos sem ver nisso algum escândalo ou pecado. Aliado ao adultério de Virgília, Machado costurou a corrupção de Dona Plácida, movida pelo temor à miséria e a fascinação que a amante de Brás Cubas lhe causava. O pecado da alcoviteira se dilui na perda de suas origens teológicas. Não muito diferente é Sofia (*Quincas Borba*), que aspira ao baronato e deixa-se corromper pela ganância.

A falta de remorso da personagem Procópio (*O Enfermeiro*) pelo crime cometido contra o coronel Felisberto é comparada a de Caim:

> Caim pensa em fugir para o fim do mundo, mas teme a própria fuga, que o denunciaria.

Aproveitando o ensejo, já que o narrador machadiano nos fala de um crime, o que pensaria Machado de Assis sobre o rigor com que a Igreja Católica contempla o **suicídio**? Vejamos a sua opinião inserida na crônica de 9 de setembro de 1894, em *A Semana*, quando o autor se referia a alguns casos de suicídio estampados nas folhas:

> Segundo os Cânones, o suicídio é um atentado ao Criador, e o nosso primeiro e recente arcebispo aproveitou o caso *Mancinelli* (um famoso empresário) (grifo nosso) para lembrá-lo aos párocos e a todo o clero, e consequentemente que os sufrágios eclesiásticos são negados aos que se matam. A circular de D. João Esberard é sóbria, enérgica e verdadeira; recorda que a sociedade civil e a filosofia condenam o suicídio, e que a natureza o considera um horror. No mesmo dia da expedição da circular (quinta-feira) um homem que padecia de moléstia dolorosa ou incurável, talvez uma e outra cousa, recorreu à morte como a melhor das tisanas. Suponho que não terá lido a palavra do prelado; mas outros suicídios virão depois dela, pois os cânones são mais antigos, a filosofia também, e mais que todos a natureza.

Após o cronista comentar com humor um caso muito antigo de suicídio, narrado por Plutarco, o articulista continua:

> A privação dos sufrágios eclesiásticos é assaz forte para os crentes, embora não seja sempre decisiva; mas a incredulidade do século e a frouxidão dos próprios crentes hão de tornar improfícua muita vez a intervenção do prelado. Pela minha parte, estou com os cânones, com a filosofia, com a sociedade e com a natureza, sem negar são dous belos versos aqueles com que o poeta Garção fecha a ode que compôs ao suicídio: Todos podem tirar a vida ao homem, ninguém lhe tira a morte.

Em crônica posterior, ou seja, em 29/12/1895, Machado diria assim:

> A questão do suicídio não vem agora à tela. (...) Velha questão, velha dúvida. (...) Que solução se dará ao velho tema? A melhor é ainda a do jovem Hamlet:[10] *The rest is silence.*

Apesar da visão pessimista do autor, a respeito do pecado do homem, em algumas passagens de sua obra ele se manifesta a favor do arrependimento, embora tardio:

> Sem acomodações com o céu, este mundo seria insuportável. E o céu é o mais acomodatício dos credores. Judas ainda pode ser perdoado. Pilatos também; lembre-se que ele começou por lavar as mãos; lave a alma, e está a caminho.[11]

---

[10] Tragédia em cinco atos, de Shakespeare, obra-prima do teatro inglês.

[11] *Crônica* de 29/10/1893.

Embora o nosso livro não esgote o assunto proposto, não poderíamos deixar de lado o conto *Entre Santos*. Nele, a intenção do autor é ridicularizar os falsos devotos que se aproximam dos beatos no intuito não só de barganhar graças e favores, mas também de exibir uma falsa crença religiosa. No conto, a ação acontece numa animada reunião noturna dos santos da igreja de S. Francisco de Paula, cuja conversa foi ouvida pelo sacristão, estarrecido. Diz o narrador (o sacristão):

> Compreendi, no fim de alguns instantes, que eles inventariavam e comentavam as orações e implorações daquele dia. Cada um notava alguma cousa. Todos eles, terríveis psicólogos, tinham penetrado a alma e a vida dos fiéis, e desfibravam os sentimentos de cada um, como os anatomistas escalpelam um cadáver. S. João Batista e S. Francisco de Paula, duros ascetas, mostravam-se às vezes enfadados e absolutos. Não era assim S. Francisco de Sales; esse ouvia ou contava as cousas com a mesma indulgência que presidira ao seu famoso livro da *Introdução à Vida Devota*. (Teria Machado lido, também, esse livro?!)

O que nos chama a atenção, na leitura do conto, é a lição machadiana de que os santos – com toda a sua caridade, paciência e benevolência, virtudes inerentes à sua própria condição de santidade – também já andavam descrentes dos homens.

O certo é que, no mundo machadiano, o cristão se anula no burguês; o católico profano, que se fez religioso por elegância dos costumes, frequenta a igreja no intuito de exibir as joias e o luxo. Enfim, Machado de Assis, observador dos homens, compreendeu a dessacralização do pecado, a grande inversão de valores apregoada pelo demônio de *A Igreja do Diabo:* o pecado é instrumento de realização na vida, ele nos leva à glória, à riqueza e à pompa.

Machado de Assis – Deus, os Evangelhos e a liturgia

Deus gosta de parecer, às vezes, injusto.
Machado de Assis[12]

Deixai que a vossa mão esquerda saiba o que faz a direita,
para fazer mais do que ela;
deixai que a vossa mão direita saiba o que faz a esquerda,
para fazer mais do que ela.
Dai com ambas as mãos e não saireis do Evangelho.
Machado de Assis[13]

Além dos textos poéticos já expostos por nós, outras composições atestam a leitura dos Evangelhos com os quais certamente Machado se comprazia. Há uma epígrafe interessante à singela poesia – *Sinhá* – que merece ser lembrada: "O teu nome é como o óleo derramado – Cântico dos Cânticos". Seriam essas leituras machadianas apenas recorrência a novas inspirações, segundo nos diz Dom Hugo Bressane?! Não cremos. O nosso escritor se encontrava numa fase de transição para a maturidade, e certamente seu espírito se debatia entre o bem e o mal; o mundo lhe mostrava as suas garras, e o estudioso não fugiria ao anelo da maioria dos espíritos esclarecidos, que é a procura da Verdade, a procura do Infinito. Por isso, cremos firmemente que um homem que se debruçava em leituras filosóficas, teológicas, psicológicas não poderia estar a ler textos bíblicos apenas à cata de assuntos para seus romances, contos, suas crônicas ou poesias; o Novo e o Antigo Testamento deveriam estar sendo perscrutados também no sentido de aclarar as suas dúvidas, sejam elas de que teor fossem.

---

12 *Crônica* de 18/02/1894.

13 Palavras de Machado de Assis na *Polianteia* do Liceu de Artes e Ofício (1893).

Assim, nossa opinião é que a leitura dos Livros Sagrados deveria ser motivada pelo interesse daquela alma pela palavra de Jesus; quiçá em busca de respostas às questões metafísicas e espirituais que a afligiam, sobremaneira com relação à questão da fé... Vejam as palavras de Machado de Assis a respeito:

> (...) no meio das sublimidades do livro santo (referia-se aos Evangelhos) (grifo nosso) há lances que me prendem a alma e despertam a atenção dos meus olhos terrenos. Não é amá-lo menos; é amá-lo em certas páginas.[14]

E o escritor deixa patente a sua admiração pela Bíblia Sagrada, quando a ela se refere em crônica datada de 1865, no *Diário do Rio de Janeiro*:

> Os leitores nos dispensam de dizer por que a Bíblia é o livro por excelência. Melhor do que ninguém já o disse Lamartine;[15] o grande poeta pergunta o que não haverá nessa obra universal desde a história, a poesia épica, a tragédia e a filosofia, até o idílio, a poesia lírica, e a elegia – desde o Deuteronômio, Isaías e o Eclesiástico, até Ruth, Jeremias e o Cântico dos Cânticos.[16] Reuni todas estas formas do espírito humano em uma encadernação de luxo, e dizei se há livro mais precioso e mais digno de figurar no gabinete, entre Milton e Homero.[17]

---

[14] *A Semana*, 14 de abril de 1896.

[15] Alfhonse Marie Louis de Prat de Lamartine. Poeta, romancista, historiador e político francês.

[16] *Deuteronômio*: 5º livro do Pentateuco; *Isaías*: profeta, mártir; *Eclesiástico*: obra atribuída ao Rei Salomão; *Ruth*: uma das antepassadas do Rei Davi; *Jeremias*: escreveu profecias sobre a ruína de Jerusalém; *Cântico dos Cânticos*: também obra atribuída ao Rei Salomão, resplandecente de poesia.

[17] Johan Milton: poeta inglês (*O Paraíso perdido*); Homero: poeta grego (*Ilíada* e *Odisseia*).

Machado atesta o hábito da leitura dos livros sagrados em crônica de 1867:

> Ao domingo leio as Santas Escrituras; ou outros dias são divididos por meia dúzia de poetas e prosadores da minha predileção; consagro a sexta-feira à Constituição do Brasil e o sábado aos manuscritos que me dão para ler. Quer tudo isto dizer à sexta-feira admiro os nossos maiores, e ao sábado durmo a sono solto.

A recorrência do autor aos Livros Sagrados é enorme. Ressalte-se a frequente alusão ao *Eclesiastes*. Vejam uma delas:

> Tal foi uma das festas da semana, que teve ainda outras. Há tempo de se afligir e tempo de saltar de gosto, diz o *Eclesiastes*; donde se pode concluir, sem truísmo, que há semanas festivas e semanas aborrecidas. No *Eclesiastes* há tudo para todos. A pacificação do Sul lá está: "Há tempo de guerra e tempo de paz". Muita gente entende que este é que é o tempo de paz; muita outra julga, pelo contrário, que é ainda o tempo da guerra, e de cada lado se ouvem razões caras e fortes. O *Eclesiastes*, que tem respostas para tudo, alguma dará a ambas as ocasiões; se não fosse a urgência do trabalho, iria buscá-la ao próprio livro; não podendo fazê-lo, contento-me em supor que ele dirá aquilo que tem dito a todos, em todas as línguas, principalmente no latim, a que o transladaram: "Vaidade das vaidades, e tudo é vaidade".[18]

Citemos mais uma referência, apenas:

> "Uma geração passa, outra geração lhe sucede, mas a terra permanece firme." Esse versículo do *Eclesiastes* é uma grande lição de vida, e não digo a maior, porque há três ou

[18] *A Semana*, 4 de agosto de 1895.

quatro igualmente grandes. Mas não haverá poesia nem língua que não tinha dito por modo particular esse pensamento final do mundo.[19]

Esta outra se refere ao Livro inicial da Bíblia, o Gênesis:

Os hebreus, narrando a lenda do Gênesis, dão à criação da luz a precedência da palavra de Deus. É palpitante o símbolo. O fiat repetiu-se em todos os caos, e, coisa admirável! Sempre nasceu dele alguma luz.[20]

O nome de Deus é sempre lembrado por Machado, como nessa crônica de 1862:

Não malbarates em pouquidades o talento que Deus te concedeu; volta-te para os grandes interesses do país, disseca as profundas chagas que corroem o nosso corpo social, põe a descoberto a podridão desses cancros que, sob o nome de companhias, absorvem o melhor de nossos recursos.

Ainda em crônica datada de 1862, o escritor diria:

Vê-se perfeitamente que Deus, depois de formado o grandioso da Criação, quis também mostrar a sua divina perfeição dando vida aos átomos da matéria. É grandeza descer até os insetos! (...) O inseto não é uma excrescência na vida do Cosmos, é uma verdade da harmonia estabelecida pela mão de Deus. Perguntai ao inseto por que ele existe. Dir-vos-á ele: – Porque existe o homem.

---

[19] *A Semana*, 15 de novembro de 1896.

[20] *Crônica*, 1859.

Em 1864, diz o cronista:

> O mandamento – Amar ao próximo como a si mesmo – é uma sublime epopeia escrita pela mão divina. (...) Por Deus! Não é só o amor da arte que falece nesta terra, é também o amor ao próximo!

Em crônica publicada no *Diário do Rio de Janeiro*, em 03/07/1864, encontramos mais uma referência ao Criador:

> Pois que! – disse eu comigo – dar-se-á caso que o Criador não esteja contente com os homens? Logo, é certo que somos grandemente velhacos, imensamente egoístas, profundamente hipócritas, tristemente ridículos. Logo, é certo que esta comédia que representamos cá em baixo tem desagradado à divindade, e a divindade, usando princípio de Boileau,[21] lança mão de uma pateada solene e estrondosa?

Quando pensamos que o cronista se coloca defensor de Deus diante da ingrata criatura, eis que ele nos sai com essa:

> Não me suponha um profeta carrancudo derramando lágrimas inúteis pelas desgraças de Sião.[22] É certo que já pendurei nos ramos dos salgueiros a harpa das minhas mais caras ilusões, mas ainda me resta um pouco de fé, assaz robusta, para levantar-me a cabeça e os olhos para Deus.[23]

Mas ele também foi capaz de afirmar (crônica de 06/12/1896), sem ceticismo algum:

---

[21] Trata-se de Nicolas Boileau-Despreaux, crítico e poeta francês, expositor e codificador do credo neoclássico.

[22] Sião: uma das colinas de Jerusalém.

[23] *Crônica* de 12/03/1867.

Eu digo, como Bossuet:[24] "Só Deus é grande, meus irmãos".

Como definiu, Machado, a existência de Deus? Vejamos o que ele diz na crônica de 07/08/1892:

> Deus é a natural exclamação diante de um grande perigo. Um abismo que se abre aos pés do homem, um terremoto, um flagelo, um ciclone, qualquer efeito de forças naturais ou humanas, arranca do imo do peito este grito de pavor e de desespero: – Santo Deus!

Essa outra passagem, então, é por demais irônica! Veja, caro leitor, a irreverência do cronista, falando com Jesus:

> Dizias uma necedade quando afirmavas que contra a tua Igreja não prevaleceriam as portas do inferno. Estavas em erro, meu divino Cristo. A força da tua Igreja não vem da tua doutrina; vem de alguns quilômetros de território. O catolicismo em Roma vale tudo; se o pusesse em Jerusalém, não valia nada. *Verité em deçà, erreur au dela.* Victor Manoel deixou ainda uma parte da cidade ao Santo Padre; é por isso que existe a Igreja. Se ele amanhã o expulsasse de lá, acabava-se o catolicismo. Victor Manoel dava cabo da obra de Jesus; podia mais que o inferno.[25]

Falando no inferno, temido por todos, assim se pronunciou Machado a respeito, certa vez (crônica de 24/07/1892):

> Sem pecadores não há inferno, nem purgatório, e sem estes dois lugares o céu valeria menos.

---

[24] Jacques-Benigne Bossuet: bispo e teólogo francês.
[25] *Semana Ilustrada*, 22/10/1871.

Em 1894 (18/02) ele voltaria ao tema:

> O inferno é um hospício de incuráveis. Raros, bem raros, cinco por século, subirão logo para o céu. (...)
> É a nossa enfatuação de vivos que nos leva a crer que só há calamidades para nós; também os mortos terão as suas, acomodadas ao estado. Nem o purgatório significa outra cousa senão as doenças de que os mortos podem sarar e saram.

Essas são algumas das "tiradas" machadianas que contradizem aqueles que o supõem casmurro.

Com relação à obra do Criador, lembremos a crônica de 26/11/1893:

> A primeira crônica do mundo é justamente a que conta a primeira semana dele, dia por dia, até o sétimo em que o Senhor descansou. O cronista bíblico omite a causa do descanso divino; podemos supor que não foi outra senão o sentimento da caducidade da obra.

Lembremos, ainda, a ironia do cronista em crônica de 29/09/1895:

> Quando a vida cá fora estiver tão agitada e aborrecida que se não possa viver tranquilo e satisfeito, há um asilo para a minha alma – e para o meu corpo, naturalmente. Não é o céu, como podeis supor. O céu é bom, mas eu imagino que a paz lá em cima não estará totalmente consolidada. Já lá houve uma rebelião; pode haver outras (...) Não, devota amiga da minha alma, o asilo que buscarei, quando a vida for tão agitada como a desta semana, não é o céu, é o Hospício dos Alienados.

Mas as irônicas críticas ao Criador não param por aqui. Lembremos mais uma, deliciosa:

> Qualquer de nós teria organizado este mundo melhor do que saiu. A morte, por exemplo, bem podia ser tão-somente a aposentadoria da vida, com prazo certo. Ninguém iria por moléstia ou desastre, mas por natural invalidez; a velhice, tornando a pessoa incapaz, não a poria a cargo dos seus ou dos outros. Como isto andaria assim desde o princípio das cousas, ninguém sentiria dor nem temor, nem os que se fossem, nem os que ficassem. Podia ser uma cerimônia doméstica ou pública; entraria nos costumes uma refeição de despedida, frugal, não triste, em que os que iam morrer, dissessem as saudades que levavam, fizessem recomendações, dessem conselhos, e se fossem alegres, contassem anedotas alegres. Muitas flores, não perpétuas, nem dessas outras de cores carregadas, mas claras e vivas, como de núpcias. E melhor seria não haver nada, além das despedidas verbais e amigas...
>
> Bem sei o que se pode dizer contra isto; mas por agora importa-me somente sonhar alguma cousa que não seja a morte bruta, crua e terrível, que não quer saber se um homem é ainda precioso aos seus, nem se merece as torturas com que o aflige primeiro, antes de estrangulá-lo.[26]

Depois de tantas "delícias machadianas", cuja leitura nos levou ao riso, falemos sério, agora, leitor.

Dentre todas as *referências de Machado de Assis aos Evangelhos*, uma delas ressalta aos nossos olhos porque contém uma declaração sua muito importante, que deve ser levada em conta ao analisarmos a religiosidade nesse homem. Trata-se da crônica do dia 14 de abril de 1895, n'*A Semana*:

---

[26] *Crônica* de 06/09/1896.

(...) Há meia dúzia de assuntos que não envelhecem nunca; mas há um só em que se pode ser banal, sem parecê-lo: é a tragédia do Gólgota. Tão divina ela é que a simples repetição é novidade. Essa cousa eterna e sublime não cansa de ser sublime e eterna. Os séculos passam sem esgotá-la, as línguas sem confundi-la, os homens sem corrompê-la. "O Evangelho fala ao meu coração" escrevia Rousseau; é bom que cada homem sinta este pedaço de Rousseau em si mesmo... Entretanto, se adoro o belo Sermão da Montanha, as parábolas de Jesus, os duros lances da semana divina, desde a entrada em Jerusalém até à morte no Calvário, e as mulheres que se abraçaram à cruz, e cuja distinção foi tão finamente feita por Lulu Sênior, quinta-feira, se tudo isso me faz sentir e pasmar, ainda me fica espaço na alma para ver e pasmar de outras cousas. Perdoe-me a grandeza do assunto uma reminiscência, aliás incompleta, pois não me lembra nome do moralista, mas foi um moralista que disse ser a fidelidade dos namorados uma espécie de infidelidade relativa, que vai dos olhos aos cabelos, dos cabelos à boca, da boca aos braços, e assim passeia por todas as beleza da pessoa amada. Espiritualizemos a observação, e apliquemo-la ao Evangelho. *Assim é que, no meio da sublimidades do livro santo, há lances que me prendem a alma e despertam a atenção dos meus olhos terrenos. Não é amá-lo menos; é amá-lo em certas páginas. Grande é a morte de Jesus, divina é a sua paciência, infinito é o seu perdão.* A fraqueza de Pilatos é enorme, a ferocidade dos algozes inexcedível... Mas, não sendo primoroso o último ato dos discípulos, não deixa de ser instrutivo. Um, por trinta dinheiros, vendeu o Mestre; os outros, no momento da prisão, desapareceram, ninguém mais os viu. Um só deles, sem se declarar, meteu-se entre a multidão, e penetrou no pretório entre os soldados. Três vezes lhe perguntaram se também não andava com os discípulos de Cristo; respondeu que não, que nem o conhecia, e, à terceira vez, cantando o galo, lembrou-se da profecia de Cristo, e chorou. São Mateus, contando o ato deste discípulo, diz que ele entrara no pretório, com os soldados, "a ver em que paravam o caso". Hoje diríamos, se o Evangelho fosse de hoje, "a ver em que paravam as modas". Tal é a mudança das línguas e dos tempos! Este versículo do evangelista não vale o Sermão da Montanha, mas, usando da teoria do moralista a que há pouco aludi, esta é a pontinha da orelha do Evangelho.

É notória a fascinação de Machado de Assis pela *Semana Santa*. Na crônica do dia 25 de março de 1894, o escritor recordaria, com muita nostalgia, as Semanas Santas de seu tempo de mocinho:

> A semana foi santa – mas não foi a semana santa que eu conheci, quando tinha a idade de mocinho nascido depois da guerra do Paraguai. (...) As semanas santas de outro tempo eram, antes de tudo, muito mais compridas. O Domingo de Ramos valia por três.

O cronista prossegue, lembrando nos mínimos detalhes essa celebração católica, a da semana santa. Cita as procissões, as palmas verdes e bentas do Domingo de Ramos, o Sábado de Aleluia, os sermões, o Domingo de Páscoa. Relembra, ainda, as procissões do enterro, os andores, as tochas, as Marias Behús, o centurião...

> ... e tantas outras partes da cerimônia, não contando as janelas das casas iluminadas, acolchoadas e atapetadas de moças bonitas – moças e velhas – porque já naquele tempo havia algumas pessoas velhas, mas poucas. Tudo era da idade e da cor das palmas verdes. A velhice é uma ideia recente.

Aqui, após a recordação, o cronista muda o rumo da conversa, comentando outras coisas do cotidiano da cidade. Depois, reata o fio da meada e continua:

> Soou o cantochão. Chegou-me o incenso. A imaginação deixou-se-me embalar pela música e inebriar pelo aroma, duas fortes asas que a levaram de oeste a leste. Atrás dela foi o co-

ração, tornado à simpleza antiga. E eu ressurgi, antes de Jesus. E Jesus apareceu-me antes de morto e ressuscitado, como nos dias em que rodeava a Galileia, e, abrindo os lábios, disse-me que a sua palavra dá solução a tudo. Senhor, disse eu então, a vida é aflitiva, e aí está o *Eclesiastes* que diz ter visto as lágrimas dos inocentes, e que ninguém os consolava.

– Bem-aventurados os que choram, porque eles serão consolados.

– Vede a injustiça do mundo. "Nem sempre o prêmio é dos que melhor correm, diz ainda o *Eclesiastes*, e tudo se faz por encontro e casualidade."

– Bem-aventurados os que têm fome e sede de justiça, porque eles serão fartos.

– Mas é ainda o *Eclesiastes* que proclama haver justos, aos quais provêm males...

– Bem-aventurados os que são perseguidos por amor da justiça, porque deles é o reino do céu.

E assim por diante. A cada palavra de lástima respondia Jesus com uma palavra de esperança. Mas já então não era ele que me aparecia, era eu que estava na própria Galileia, diante da montanha, ouvindo com o povo. E o sermão continuava. Bem-aventurados os pacíficos. Bem-aventurados os mansos...

Machado de Assis deixou transparecer a sua preferência pelo Sermão da Montanha em diversas ocasiões de sua obra. Em uma de suas crônicas d´*A Semana* – 23 de agosto de 1896 –, comentando as vitrinas de cambistas, na rua Primeiro de Março, ele diz assim:

Ia costeando as vitrinas de cambistas, cheias de ouro, muita libra, muito franco, muito dólar, tudo empilhado, esperando os fregueses. (Leitor amigo, não resistimos à interrupção, tal o nosso espanto diante da ingenuidade daqueles tempos do Rio de Janeiro presente na obra machadiana; onde estavam os ladrões?! Só me resta plagiar Machado, em *Soneto de Natal*: mudaram os tempos, ou mudamos nós?... Continuemos a ler e "ouvir" Machado...) " Vinha de dentro um fedor judaico de entontecer, mas a vista das libras restituía o equilíbrio ao cérebro, e fazia-me parar, mirar, cobiçar... – Vamos! exclamei, olhando para o céu. Que vi, então, leitor amigo? Na Igreja da cruz dos Militares, dentro do nicho de S. João, estavam três pombas. Uma pousava na cabeça do apóstolo, outra (...)

Machado segue a narrativa descrevendo a falta de reverência, ou, como se diria hoje em nossa gíria, o "folgado" pouso das pombas na estátua do santo. Depois, prossegue:

> Parei e disse comigo: (...) Nenhuma daquelas pombas pensa no câmbio, nem na baixa, nem no que há de vestir, nem no que há de comer. Eis ali a verdadeira gente cristã, eis o sermão da montanha, a dous passos dos bancos, às próprias barbas destas casas de cambistas que me enchem de inveja. Talvez na alma de alguns destes homens viva ainda a própria alma de um antigo (lembre-se leitor, que a teoria espírita da reencarnação se espalhava no Rio de Janeiro) que ouviu o discurso de Jesus, e não trocou por este o Deus de Abraão, de Isaac e de Jacó (crítica velada ao Deus dos judeus antigos?!). Cuida das libras, como eu, que visto e me sustento pelo valor delas, mas eis aqui o que dizem as pombas, repetindo o sermão da montanha: "Não andeis cuidadosos da vossa vida, que comereis, nem para o vosso corpo, que vestireis... Olhai para as aves do céu, que semeiam, nem segam, nem fazem provimentos nos celeiros; e contudo, vosso pai celestial as sustenta... E por que andais vós solícito pelo vestido? Considerai como crescem os lírios do campo; eles não trabalham nem fiam... Não andeis inquietos pelo dia de amanhã. Porque o dia de amanhã a si mesmo trará o seu cuidado; ao de hoje basta a sua própria aflição (São Mateus).

Mas é preciso que se ressalte, ainda, a profunda impressão que a *Paixão de Cristo* causava na alma do escritor. Creio ser pertinente reproduzir, quase na íntegra, a crônica machadiana a respeito do tema, para que não ofusquemos a beleza do texto:

Quem relê neste dia os evangelistas, por mais que os traga no coração ou de memória, acha uma comoção nova na tragédia do Calvário. A tragédia é velha; os lances que a compõem passaram, desde a prisão de Jesus até a condenação judaica e a sanção romana; as horas daquele dia acabaram com a noite de sexta-feira, mas a comoção fica sempre nova; por mais que os séculos se tenham acumulado sobre tais livros. A causa, independente da fé que acende o coração dos homens, bem se pode dizer de duas ordens. Não é preciso falar de uma. A história daqueles que, pelos tempos adiante, vieram confessando a Jesus, padecendo e morrendo por Ele, e o grande espírito soprado do Evangelho ao mundo antigo, a força da doutrina, a fortaleza da crença, a extensão dos sacrifícios, a obra dos místicos, tudo se acumula naturalmente diante dos olhos, como efeito daquelas páginas primitivas. Não menos surge à vista o furor dos que combateram, pelos séculos fora, as máximas cristãs ouvidas, escritas e guardadas, alguma vez esquecidas, outras desentendidas, mas acabando sempre por animar as gerações fiéis. Tudo isso, porém, que será a história ulterior, é neste dia dominado pela simples narração evangélica. A narração basta.

Já vai lá a entrada de Jesus em Jerusalém, escolhida para o drama da paixão. A carreira estava acabada. Os ensinamentos do jovem profeta corriam as cidades e as aldeias, e todos se podiam dizer compendiados naquele sermão da montanha, que, por palavras simples e chãs, exprimia uma doutrina moral nova, a humildade e a resignação, o perdão das injúrias, o amor dos inimigos, a prece pelo que calunia e persegue, a esmola às escondidas, a oração secreta. Nessa prédica da montanha a lei e os profetas são confessados, mas a reforma é proclamada aos ventos da terra. Nela está a promessa do benefício aos que padecem, a consolação aos que choram, a justiça aos que dela tiverem fome e sede. Jerusalém destina-se a vê-lo morrer. Foi logo à entrada, quando gente do povo correu a receber Jesus, juncando o chão de palmas e ramos e aclamando o nome daquele que lhe vinha trazer a boa-nova, foi desde logo que os escribas e fariseus cuidaram de lhe dar perseguição e morte, não o fazendo sem demora, por meio do povo que recebia a Jesus com hosanas de amor e de alegria.

Jesus reatou então os seus atos e parábolas, mostrando o que era e o que trazia no coração. Os fariseus viram que ele expelia do templo os que lá vendiam e compravam, e ouviram que pregava no templo ou fora dele a doutrina com que vinha extirpar os pecados da terra. Alguma vez as imprecações que lhe saíam da boca eram contra eles próprios: "Ai de vós, escribas e fariseus hipócritas, porque devorais as casas das viúvas, fazendo longas orações..." – "Ai de vós, escribas e fariseus, porque alimpais o que está por fora do copo e do prato, e por dentro estais cheios de rapinas e de imundícies..." (...) As imprecações seguiram assim muitas e ásperas, mas de envolta com elas a alma boa e pura de Jesus, voltava àquela doce e familiar metáfora contra a cidade de Jerusalém: "Jerusalém, que matas os profetas e apedrejas os que te são enviados, quantas vezes quis eu ajuntar teus filhos, do modo que uma galinha recolhe debaixo das asas os seus pintos, e tu não o quiseste!"

A diferença que vai desta fala grave e dura àquele sermão da montanha, em que Jesus incluiu a primeira e ingênua oração da futura igreja, claramente mostra o desespero do jovem profeta de Nazaré. Não havia esperar de homens que a tal ponto abusavam do templo e da lei, e, em nome de ambos, afivelavam a máscara de piedade para atrair os que buscavam as doutrinas antigas de Israel. Sabendo que tinha de morrer às mãos deles, não lhes quis certamente negar o perdão que viessem a merecer, mas condenar neles a obra da iniquidade e da perdição. Todo o mal recente de Israel estava nos que se davam falsamente por defensores do bem antigo.

A comoção nova que achamos na narração evangélica abrange o espaço contado da ceia à morte de Jesus. Judeus futuros, ainda de hoje, ao passo que negam a culpa da sua raça, confessam não poder ler sem mágoa essa página sombria. Em verdade, a melancolia do drama é grande, não menor que a do próprio Cristo, quando declara ter a alma mortalmente triste. Era já depois da ceia, naquele horto de Gethsemani, a sós com Pedro e mais dois, enquanto os outros discípulos dormiam, foi ali que ele confessou aquela profunda aflição. Tinha já predito a proximidade da morte. A aversão dos escribas e fariseus, indo acrescer com o poder moral do Nazareno, punha em ação o desejo de o levar ao julgamento e ao suplício, e cumprir assim o prenúncio do jovem Mestre. Tudo foi realizado: a noite não acabou sem que, pela traição de Iscariotes, Jesus fosse levado à casa de Anás e Caifás e, pela negação de Pedro, se visse abandonado dos seus amigos. Ele predissera os dois atos, que um pagou pelo suicídio e o outro pelas lágrimas do arrependimento. Talvez ambos pudessem ser dispensados, não menos o primeiro que o segundo, por mais que o grupo dos discípulos escondesse o Mestre aos olhos do inimigo. Se assim fosse, o suplício seria igualmente certo, mas a tragédia divina não teria aquela nota humana. Nem tudo é lealdade, nem tudo é resistência na mesma família.

A parte humana nasceu, ainda, não já naqueles que deviam amor a Jesus, se não nos que o perseguiam; tal foi esse processo de poucas horas. Jesus ouviu o interrogatório dos seus atos religiosos e políticos. Era acusado de querer destruir a lei de Moisés e não aceitar a dominação romana, fazendo-se Rei dos Judeus. "Mestre, devemos pagar o imposto a César?", tinham-lhe perguntado antes, para arrastá-lo a alguma palavra de rebelião. A resposta (uma de tantas palavras que passaram daqueles livros às línguas dos homens) foi que era preciso dar a César o que era de César e a Deus o que era de Deus. Caifás e o Conselho acabaram pela condenação; (...)

A morte, fecho da Paixão, termo de uma vida breve e cheia, foi cercada de todos os elementos que a podiam fazer mais trágica. O riso deu as mãos à ferocidade, e o açoite alternou com a coroa de espinhos. Fizeram do profeta um rei de praça, com a púrpura aos ombros e a vara na mão. Vieram injúrias por atos e palavras, agravação do suplício dado entre dois ladrões; mas ainda nos falta alguma cousa para completar a parte humana daquela cena última.

As mulheres vieram rodear o instrumento do suplício. Com outro ânimo que faltou alguma vez aos homens, elas trouxeram a consolação e a paciência aos pés do crucificado. Nenhum egoísmo as conservou longe, nenhum tremor as fez estremecer de susto. A piedade era como alma nova incutida

> naqueles corpos feitos para ela. Com os olhos nos derradeiros lampejos de vida, que estavam a sair daquele corpo, aguardavam que este fosse amortalhado e sepultado para lhe darem os bálsamos e os aromas.
>
> Tal foi a última nota humana, docemente humana, que completou o drama da estreita Jerusalém. Ela, e o mais que se passou entre a noite de um dia e a tarde de outro completaram o prefácio dos tempos. A doutrina produzirá os seus efeitos, a história será deduzida de uma lei, superior ao conselho dos homens. Quando nada houvesse ou nenhuma fosse, a simples crise da Paixão era de sobra para dar uma comoção nova aos que leem neste dia os evangelistas.

Os comentários tecidos pelo cronista ao longo do texto nos levam a pensar: se a ele bastasse reproduzir a narrativa dos evangelistas, não teria inserido na história sagrada as observações que fez! E note-se que essa crônica foi escrita em 1904, apenas quatro anos antes da morte do escritor, tachado por muitos biógrafos seus de "alheio à religião" à qual fora iniciado por seus pais. Se Machado não foi católico praticante, pelo menos respeitou a Igreja de sua iniciação religiosa. Haja vista as missas às quais comparecia, fato inúmeras vezes comprovado em suas cartas aos amigos; e, se preciso fosse, já o seu profundo conhecimento da liturgia católica o atestaria. Vejamos uma passagem interessante, retirada de uma de suas cartas (21 de janeiro de 1904) ao amigo José Veríssimo, quando da estada do escritor e D. Carolina em Friburgo, à cata de tratamento médico para ela:

> Ontem excepcionalmente não choveu. Ouvi missa cantada, ou meio cantada, na matriz, com acréscimo de um sermão, apologia de São Sebastião, mártir. A igreja, que é alegre, estava cheia. De tarde, procissão. Nesse capítulo vim achar muito trabalho católico. Há um colégio jesuíta, do qual só está construído um terço, e será dos maiores ou o maior edifício.

José Veríssimo logo respondeu, dizendo não gostar de Friburgo por achar a pequena cidade muito aborrecida. E caçoou do amigo nesses termos: "Tanto que você já vai à missa e à prédica do Padre Miranda. Vou, para desacreditá-lo, espalhar por aqui que você está se fazendo carola". Se Machado respondeu ao amigo não ficou registrado. Mas bem que ele poderia ter respondido imitando a sua personagem Carlos Maria, de Quincas Borba; indagado por D. Fernanda se era religioso, uma vez que a mulher o encontrara na missa da Igreja de Santo Antônio, o moço replicou: "Não posso responder com certeza; mas tenho horror à banalidade, que é dizer mal da religião. E basta; vim à missa, não vim confessar-me".

Após a morte da esposa, Machado agradeceu pelos jornais da cidade as condolências, e convidava a todos para a missa de sétimo dia, na quinta-feira, dia 27 de outubro, às nove e meia da manhã, na Igreja de São Francisco de Paula. Apesar de fraco e alquebrado pela dor da perda, o escritor a ela compareceu, certeza essa que nos dá a carta que escreveu, no dia seguinte, ao seu grande e fiel amigo, Salvador de Mendonça:

> Meu querido Salvador de Mendonça. Já ontem recebi na igreja os teus pêsames, e por teu intermédio os da tua boa e distinta esposa.

Outra inserção muito pertinente a esse livro é a do conto **Adão e Eva**, por se tratar de uma desconstrução bíblica, excelentemente bem elaborada pela "pena da galhofa" machadiana. Trata-se de uma discussão familiar acerca da *curiosidade:* se era característica masculina ou feminina; e se a responsabilidade da perda do paraíso deveria caber a Eva ou a Adão. Consultado a respeito, o juiz-de-fora – Veloso –, para espanto geral de todos os presentes, narrou uma outra história a respeito da criação do mundo. Na opinião dele, o mundo fora criado pelo Diabo. Porém, todas as coisas ruins que o Tinhoso criava, Deus corrigia; ou então atenuava a obra, criando os contrastes. Por exemplo: espinhos/flores; tempestade/brisa e assim por diante. Ao sexto dia da criação, o Diabo criou o homem e a mulher; Deus insuflou-lhes a alma, posto que somente Ele a pudesse criar, e, obviamente, com sentimentos nobres. O casal assim constituído vivia feliz, desfrutando as delícias do Paraíso, na mais perfeita harmonia e na mais doce pureza. Então, o diabo ficou furioso e encarregou a serpente de perturbar aquela ordem irritante. O peçonhento animal obedeceu e esperou por Eva enroscado na árvore do Bem e do Mal, cujo fruto havia sido por Deus proibido ao casal. A mulher passa por ali e ouve alguém chamá-la. A cobra havia comido uma maçã e incita a moça bonita a também comer do fruto proibido, pois o resultado seria o conhecimento da origem das coisas e o desvendar do enigma da vida; Eva recusa, veementemente. E a serpente replica. Bem, aqui é preciso reproduzir o conto para que não se perca o humor machadiano:

> – Néscia! Para que recusas o resplendor dos tempos? Escuta-me, faze o que te digo, e serás legião, fundarás cidades, e chamar-te-ás Cleópatra, Dido, Semíramis; darás heróis do teu ventre, e serás Cornélia; ouvirás a voz do céu, e serás Débora; cantarás e serás Safo. E um dia, se Deus quiser descer à terra, escolherá as tuas entranhas, e chamar-te-ás Maria de Nazaré. Que mais queres tu? Realeza, poesia, divindade, tudo trocas por uma estulta obediência. Nem será só isso. Toda a natureza te fará bela e mais bela (...)

Nesse ponto da narrativa, Adão se aproxima de Eva e ambos decidem continuar obedientes à lei de Deus. Dão-se as mãos e deixam ali a serpente, frustrada em seu intento. Deus, que ouvira tudo, envia-lhes um Anjo que os conduziu ao céu. E o Criador os recebe à porta, acompanhado de miríades de anjos:

> – Entrai, entrai. A terra que deixastes fica entregue às obras do Tinhoso, aos animas ferozes e maléficos, às plantas daninhas e peçonhentas, ao ar impuro, à vida nos pântanos. Reinará nela a serpente que rasteja, babuja e morde, nenhuma criatura igual a vós porá entre tanta abominação a nota da esperança e da piedade.
>
> E foi assim que Adão e Eva entraram no céu, ao som de todas as cítaras, que uniam as suas notas em um hino aos dous egressos da criação....

Como se vê, o autor se serviu da narrativa de uma personagem, mais uma vez, para inserir na ficção a sua veia humorística e dessacralizante.

Mas não ficam por aí as referências do autor ao primeiro casal criado por Deus. Em crônica de 11/12/1892, Machado comenta:

> Toda gente sabe que o paraíso terreal foi obra de um sindicato composto de Adão e Eva, para o fim de pôr a caminho a concessão da vida.

A língua afiada do cronista não deixava em paz o primeiro casal criado. Em crônica de 31/01/1897, ele diz assim, a respeito do pecado original:

> A imaginação de Eva fê-la escutar sem nojo um animal tão imundo, como a cobra, e a poesia de Adão é que o levou a amar aquela tonta que lhe fez perder o paraíso terrestre.

Machado de Assis e as festas religiosas

Ao cabo de tudo, é a mesma alegria e a mesmíssima diversão, e o que eu lastimo é que o fogo de artifício da Glória e o garrafão da Penha levem mais fiéis que o objeto essencial da festividade.
Machado de Assis[27]

Os nossos ofícios e mais festividades estão longe de oferecer a majestade e a gravidade imponente do culto cristão. São festas de folga, enfeitadas e confeitadas, falando muito aos olhos e nada ao coração.
Machado de Assis[28]

Além das comemorações da Semana Santa, às quais já nos referimos, o escritor deixaria em sua obra pegadas de hábitos antigos. A 16 de junho de 1878, ele comentaria em sua crônica *Notas Semanais*:

> Estrugiram os últimos foguetes de Santo Antônio; não tarda chegar a vez de S. João e de S. Pedro. O último destes santos, com ser festivo, não o é tanto como os dois primeiros, nem sobretudo como o segundo. Deve-o talvez à sua qualidade especial de discípulo, e primaz dos discípulos. Não o era o Batista, aliás precursor e admoestador, e menos ainda o bem-aventurado de Pádua.
>
> Indague quem quiser o motivo histórico deste foguetear os três santos, uso que herdamos dos nossos maiores; a realidade é que, não obstante o ceticismo do tempo, muita e muita dezena de anos há de correr, primeiro que o povo perca os

---

[27] *História de 15 dias* – 15 de agosto de 1876.
[28] *Carta ao Sr. Bispo do Rio de Janeiro* (1862).

> seus antigos amores. Nestas noites abençoadas é que as crendices sãs abrem todas as velas. As consultas, as sortes, os ovos guardados em água, e outras sublimes ridicularias, ria-se delas quem quiser; eu vejo-as com respeito, com simpatia, e se alguma coisa me molestam é por eu não as saber já praticar. Os anos que passam tiram à fé o que há nela pueril, para só lhe deixar o que há sério; e triste daquele a quem nem isso fica: esse perde o melhor das recordações.

Em 1894, crônica d'*A Semana*, datada de 7 de janeiro, o cronista relembra outro costume antigo da Igreja católica:

> (...) Se todos estes dias não fossem isto mesmo, eu diria que era a comemoração da chegada dos três Reis. Essa festa popular, não sei se perdurará no interior; aqui morreu há muitos anos. Cantar os Reis era uma dessas usanças locais, como o presepe, que o tempo demoliu e em cujas ruínas brotou a árvore do Natal, produção do norte da Europa, que parece pedir os gelos do inverno. O nosso presepe era mais devoto, mas menos alegre. Durava, em alguns lugares, até o dia de Reis. A cantiga da festa de ontem era a mesma em toda a parte: Ô de casa, nobre gente, acordai e ouvireis... e o resto, que pode parecer simplório e velho, mas o velho foi moço e o simplório também é sinal de ingênuo.

Quanto ao carnaval, festa considerada pecaminosa pela Igreja católica, Machado a ela se referiu em alguns contos e crônicas. Para não alargar demais as nossas considerações a respeito, fiquemos apenas com três exemplos:

> Quando eu li que este ano não pode haver carnaval na rua, fiquei mortalmente triste. É crença minha, que no dia em que deus Momo for de todo exilado deste mundo, o mundo acaba. Rir não é só *le propre de l'homme*, é ainda uma necessidade dele. E só há riso, e grande riso, quando é público, universal, inextinguível, à maneira dos deuses de Homero, ao

> ver o pobre coxo Vulcano. Não veremos Vulcano estes dias, cambaio ou não, não ouviremos chocalhos, nem guizos, nem vozes tortas e finas. Não sairão as sociedades, com os seus carros cobertos de flores e mulheres, e as ricas roupas de veludo e cetim.[29]

O ensejo deu asas à imaginação do cronista, e ele suspendeu a pena para comentar a moda masculina, com seus trajes extravagantes. Depois, voltou ao tema do carnaval e disse assim:

> Mas isto é lúgubre, e a primeira das condições do meu ofício é deitar fora a melancolias, mormente em dia de carnaval. Tornemos ao carnaval, e liguemos assim o princípio e o fim da crônica. A razão de o não termos este ano, é justa; seria até melhor que a proibição não fosse precisa, e viesse do próprio ânimo dos foliões. Mas não se pode pensar em tudo.

Não atinamos com o motivo dessa proibição, se foi político ou religioso. O fato é que há uma declaração do cronista favorável ao carnaval, no início. E, no final, deparamo-nos com uma incógnita: *seria melhor que os próprios foliões não quisessem o carnaval.* Por quê? Por motivos religiosos?! Por motivos ligados à cidade?! À política?! Não se sabe. Em compensação, em crônica posterior – *A Semana* – 16/02/1896 – o cronista diria:

> Há quem creia que o carnaval tende a alargar os seus dias. Realmente, não bastam setenta e duas horas para a alegria de uma cidade como esta, ainda mesmo não dormindo; tais são os sustos, as tristezas, as cóleras e aflições dos outros dias do ano, não contando o tumulto dos negócios, que uma semana ou duas para rir e saltar não seria de mais.

---

29 *A Semana*, 04/02/1894.

Pois bem; dizem que no carnaval o Diabo reina. Vejamos um pouco desse atormentador dos homens, na obra de nosso Mestre da literatura.

Machado de Assis e o Diabo

Ouvistes que foi dito aos homens:
Amai-vos uns aos outros. Pois eu digo-vos:
Comei-vos uns aos outros; melhor é comer que ser comido;
o lombo alheio é muito mais nutritivo que o próprio.
(Sermão do Diabo)

Uma figura constante na obra do escritor é o Diabo. Como se comportou o pensamento de Machado de Assis diante desse tipo tão temido e discriminado pelas gentes? Ora, como sempre, a sua inspiração temática era extravasada em verso e prosa. Em verso:

O Casamento do Diabo
(Imitação do alemão)

Satã teve um dia a ideia
De casar. Que original!
Queria mulher não feia,
Virgem corpo, alma leal.

Toma um conselho de amigo,
Não te cases, Belzebu;
Que a mulher, como ser humana
É mais fina do que tu.

Resolvido do projeto,
Para vê-lo realizar,
Quis procurar objeto
Próprio do seu paladar.

Toma um conselho de amigo,
Não te cases, Belzebu;
Que a mulher, como ser humana
É mais fina do que tu.

Cortou unhas, cortou rabo,
Cortou as pontas, e após
Saiu o nosso diabo
Como o herói dos heróis.

Toma um conselho de amigo,
Não te cases, Belzebu;
Que a mulher, como ser humana
É mais fina do que tu.

Casar era a sua dita;
Correu por terra e por mar,
Encontrou mulher bonita
E tratou de a requestar.

Toma um conselho de amigo,
Não te cases, Belzebu;
Que a mulher, como ser humana
É mais fina do que tu.

Ele quis, ela queria,
Puseram mão sobre mão,
E na melhor harmonia
Verificou-se a união.

Toma um conselho de amigo,
Não te cases, Belzebu;
Que a mulher, como ser humana
É mais fina do que tu.

Passou-se um ano, e ao diabo,
Não lhe cresceram por fim,
Nem as unhas, nem o rabo...
Mas as pontas, essas sim.

Toma um conselho de amigo,
Não te cases, Belzebu;
Que a mulher, como ser humana
É mais fina do que tu.

A poesia acima foi publicada na *Semana Ilustrada*, anonimamente, em 29 de março de 1863. Depois viria a público, nas coletâneas do autor. Nota-se o humor aflorando no estilo machadiano de então, de uma forma que se perpetuaria por longos anos: "a maneira leve de tratar as coisas graves", segundo Tristão de Athayde. O Diabo, nos versos engraçados, é-nos apresentado de uma forma caricata, e nem de longe se assemelha à figura terrível que habita os infernos, aquela que aprendemos a temer em nossas lições de catecismo. Curioso ainda é notar que, apesar de a crítica considerar que foram os humoristas ingleses a fonte predileta de Machado, ele mesmo avisa que esse seu poema é "imitação do alemão". Mas essa é uma outra controvérsia, que não vem ao caso...

Na poesia, o poeta caçoa do diabo, e o refrão lhe incute na cabeça o perigo de se meter com as mulheres. Machado ainda se diverte com a conotação que o diabo empresta ao marido traído – chifrudo!

Na prosa, leiam o conto *A Igreja do Diabo* e encontrarão nessas deliciosas páginas a história de uma rebelião isolada, nem um pouco parecida com aquela outra, a dos Anjos no Paraíso. Trata-se do desejo do demo de criar a sua própria igreja, na Terra; tendo comunicado a Deus a sua intenção, desce à terra dos homens mortais:

> Uma vez na Terra, o Diabo não perdeu um minuto. Deu-se pressa em enfiar a cogula beneditina, como hábito de boa fama, e entrou a espalhar uma doutrina nova e extraordinária, com uma voz que reboava nas entranhas do século.

E anuncia aos homens o seu credo:

> O meu credo será o núcleo universal dos espíritos, a minha igreja uma tenda de Abrahão. E depois, enquanto as outras religiões se combatem e se dividem, a minha igreja será única; não acharei diante de mim, nem Maomé, nem Lutero. Há muitos modos de afirmar; há um só de negar tudo.

Em *O Sermão do Diabo* (*Páginas Recolhidas* – 1893), o autor aproveita a declaração de Santo Agostinho de que "a igreja do Diabo imita a igreja de Deus" e lança uma paródia ao sermão da montanha. Além das bem-aventuranças, a crônica humorística apresenta, ainda, vinte e cinco mandamentos que deveriam ser seguidos pelos adeptos da nova igreja. No final, usando de esperteza, o cronista se isenta da responsabilidade de ter propagado o velho manuscrito que lhe fora trazido pelo próprio Diabo:

> Apesar de tudo, não respondo pelo papel, nem pelas doutrinas, nem pelos erros de cópia.

O Diabo anda solto nas páginas machadianas: "Diabos que surgem isoladamente, um numa página, outro noutra página, ou então às dezenas, às centenas, aos milhares. Em suma, todas as raças e sub-raças da fauna infernal".[30] No *Conto de Escola* a figura do diabo aparece metaforicamente sob vários disfarces: "um pouco levado do diabo"; "pobre diabo"; "mandando ao diabo"; "o diabo do tambor".

A repetição da palavra é tamanha, na obra de Machado de Assis, que o próprio escritor, na crônica de 5 de abril de 1888, deu-se conta do exagero:

> (...) Já falei três vezes no diabo em tão poucas linhas; e mais esta, quatro; é demais.

O Diabo machadiano é "bicho fino, agudo, requintado. É o demônio da inteligência, que se manifesta por uma extraordinária capacidade de penetração psicológica, por uma implacável vocação de dissecador de almas e caracteres".[31] O que é certo é que, com a multiplicação da obra de Machado em crônicas, contos, romances, também os diabos multiplicariam. E são todos eles simpáticos, posto que desfilam diante de nossos olhos com o estilo machadiano, ou seja, em histórias escritas com a "pena da galhofa e a tinta da melancolia", como bem o definiu Gustavo Corção.

---

30 PEREIRA, Astrogildo. *Machado de Assis*. Rio, Livraria São José, 1958.

31 Id., ibid., p. 198.

Machado de Assis e o Casamento

Já que até o Diabo se casou, na obra machadiana, chegou a hora de lembrarmos o casamento na opinião de Machado. São poucas as referências do autor a esse ato, religioso ou civil. A maioria das opiniões sai da boca das personagens. Mas, do cronista, pinçamos quatro: a primeira refere-se ao casamento civil (*A Semana* – 29/09/1895):

> Napoleão disse um dia, ante os redatores do Código Civil, que o casamento (entenda-se monogamia) não derivava da natureza, e citou o contraste do Ocidente com o Oriente. Balzac[32] confessa que foram essas palavras que lhe deram a ideia da Fisiologia. Mas o primeiro faria um código, e o segundo enchia um volume de observações soltas e estudos analíticos. Diversa cousa é buscar constituir uma família sobre uma combinação de atos irreconciliáveis, como remédio universal, e algo perigoso.

A segunda refere-se ainda ao casamento civil, malvisto pela Igreja Católica, na época, que reclamava a si o sentido cristão – um dos sete sacramentos – emprestado à união do casal.

> (...) que pregou em uma igreja de Santa Maria da Boca do Monte contra o casamento civil e contra os que se não confessam. Diz uma carta aqui publicada que foi tão violento em sua linguagem que o povo que enchia a igreja veio esperá-lo à porta e fez-lhe uma demonstração de desagrado. (...) Leão XIII é o modelo dessa defesa do dogma sem a agitação da guerra, tolerando o que uns chamam calamidade dos tempos, outros conquistas do espírito civil, mas que, sendo fatos estabeleci-

[32] Honoré de Balzac. Romancista e contista inglês (*Comédie Humaine; La femme de Trente Ans*).

dos, não há modo visível de os desterrar deste mundo. Quem esperará que a Igreja reconheça nenhum outro matrimônio, além do católico? Mas quem quererá que recuse a bênção aos que se casam civilmente? Não é só o imposto que se dá a César, ou não é só o imposto em dinheiro; é também a obediência às suas leis. A Igreja protestará, mas viverá.

E com respeito à cerimônia religiosa:

A religião santifica o casamento, mas supõe sempre a existência anterior de um elo tão sagrado como o do altar.[33]

Para amenizar as polêmicas sociais em torno do casamento, o cronista diz assim (20/05/1894):

Algum dia (creio eu) os espíritos nascerão gêmeos e já casados. Será a perfeição humana, espiritual e social. Cessará a aflição das famílias, que buscam aposentar as moças, e dos rapazes que procuram consortes. Virão os casais já prontos, dançando o minuete da geração... (sic)

E quanto ao casamento do próprio Machado de Assis?

Joaquim Maria Machado de Assis e Carolina Augusta Xavier de Novais[34] casaram-se no dia 12 de novembro de 1869. Foram padrinhos o Conde de São Mamede – Rodrigo Pereira Felício – e o pianista Artur Napoleão dos Santos. Segundo Francisca de Basto Cordeir (neta da Condessa de São Mamede), D. Rita de Cássia Calazans Rodrigues também teria sido madrinha de Carolina, mas o seu nome não consta da certidão de casamento do casal.

---

[33] Conto: *Qual dos Dois?*

[34] Para saber mais sobre a esposa de Machado de Assis, ler capítulo XIV de Jean-Michel Massa ou capítulo 34, de R. Magalhães Júnior.

O local escolhido para as bodas de Machado de Assis e Carolina foi a capela particular da residência dos Condes de São Mamede, no Cosme Velho. Para que a cerimônia religiosa se desse em casa de família, foi obtida licença especial do vigário geral e administrador do Bispado do Rio de Janeiro, Monsenhor Félix de Freitas e Albuquerque. O celebrante foi o Cônego José Gonçalves Ferreira.

Ora, se nosso escritor fosse desligado da liturgia católica, não teria aceitado se casar no religioso, também. No entanto, curvou-se aos preceitos católicos e atestou a sua crença na bênção do padre celebrante.

Segundo, ainda, Francisca de Basto Cordeiro, na ocasião foi também realizado o casamento de Joana Ferreira Felício com Joaquim de Carvalho Braga. A moça era filha do Conde de São Mamede. Foram três os atos litúrgicos realizados no mesmo dia, pelo mesmo cônego, pois Francisca de Basto Cordeiro atesta, ainda, o batizado de Julieta Caldas Ferreira, sobrinha do Conde.

Machado de Assis e as adivinhações, a feitiçaria etc.

Hamlet observa a Horácio que há mais cousas
no céu e na terra do que sonha a nossa filosofia.
Machado de Assis[35]

Todos os oráculos têm o falar dobrado,
mas entendem-se.
Machado de Assis[36]

---

[35] *A cartomante*. Início do conto machadiano.

[36] *Esaú e Jacó*. Início do 2º capítulo.

A presença de videntes e adivinhos na obra de Machado de Assis reflete a época, mais uma vez. O seu tempo era muito favorável à explosão do misticismo, haja vista as composições e as atitudes dos autores românticos. A doutrina católica condenava – e ainda condena – a cartomancia, a quiromancia, bem como discrimina os seus adeptos e frequentadores. O conto *A Cartomante* traz à baila o tema, tão controverso no Rio de Janeiro imperial. A história resumida é esta: Camilo amava uma mulher casada com um grande amigo seu. Era correspondido. Mas ele e a amada – Rita – andavam desconfiados de que o marido houvesse descoberto a traição dos dois. Para tirar a dúvida que os assediava, Rita consultou certa vidente e voltou convicta de que a mulher *"acertara tudo"*: podiam estar sossegados: o marido não sabia de nada. Porém, o amante, homem cético, descreu da moça e da cartomante:

> Também ele, em criança, e ainda depois, foi supersticioso, teve um arsenal inteiro de crendices, que a mãe lhe incutiu e que aos vinte anos desapareceram. No dia em que deixou cair toda essa vegetação parasita, e ficou só o tronco da religião, ele, como tivesse recebido da mãe ambos os ensinos, envolveu-os na mesma dúvida, e logo depois em uma só negação total. Camilo não acreditava em nada. Por quê? Não poderia dizê-lo, não possuía um só argumento; limitava-se a negar tudo. E digo mal. Porque negar é ainda afirmar, e ele não formulava a incredulidade; diante do mistério, contentou-se em levantar os ombros, e foi andando.

Mas a curiosidade venceu o nojo. E ele, por sua vez, foi procurar a vidente. Depois de muita tática para arrancar do moço o que lhe trouxera à sua casa, a cartomante acalma o espírito inquieto:

> Nada aconteceria nem a um nem a outro; ele, o terceiro, ignorava tudo. Não obstante, era indispensável muita cautela;

> ferviam invejas e despeitos. Falou-lhe do amor que os ligava, da beleza da Rita... Camilo estava deslumbrado.

Após a consulta, a rapariga esperta cobra os seus serviços. E o consulente paga muito caro por eles, uma vez que a mulher, sagazmente, diz ao moço que ele pagasse "segundo o seu coração"; mas Camilo não se importa; valera a pena. O final do conto é surpreendente: Camilo recebera um bilhete de Vilela – o marido traído – no qual o amigo lhe solicitava que viesse logo, logo, à sua casa. Camilo estranhou o pedido, mas para lá se dirigiu, com "o coração impaciente".

> Daí a pouco chegou à casa de Vilela. Apeou-se, empurrou a porta de ferro do jardim e entrou. A casa estava silenciosa. Subiu os seis degraus de pedra, e mal teve tempo de bater, a porta abriu-se, e apareceu-lhe Vilela.
>
> – Desculpa, não pude vir mais cedo; que há?
>
> Vilela não lhe respondeu; tinhas as feições descompostas; fez-lhe sinal, e foram para uma saleta interior. Entrando, Camilo não pôde sufocar um grito de terror: – ao fundo sobre o canapé, estava Rita morta e ensanguentada. Vilela pegou-o pela gola, e, com dois tiros de revólver, estirou-o morto no chão.

Ao compor essa história de final macabro, Machado já aderira ao estilo de deixar ao leitor a reflexão sobre o caráter das personagens, bem como o mergulho nas atitudes narradas, colocando um ponto final onde poderia haver mais ações. Mas a reflexão primeira, aquela sobre a qual nos devemos debruçar, não é o adultério narrado; este pouco importa para Machado. No conto, mais uma vez não é o drama das pessoas envolvidas o que ele ressalta; é preciso mergulhar no palimpsesto machadiano, nesta análise do conto, e evidenciar a crítica velada do autor à quiromancia. O próprio título – *A Cartomante* – conduz-nos ao âmago da intenção primeira do narrador. Ela, a mulher esperta e aproveitadora do sofrimento alheio, é a protagonista. À sua volta tudo acontece para desmistificá-la. Ratificando a nossa opinião a respeito da intenção primeira do autor, citemos Afrânio Coutinho:[37] "Machado era um espírito altamente imaginativo, e operava no leitor, tanto pela emoção quanto pela inteligência, através de um penetrante e sagaz uso das forças analíticas do intelecto. Suas aventuras eram mentais, e o seu raro poder de evocar impressões passadas, criando emoções presentes e duradouras, é o segredo da permanência e perenidade de sua obra".

Em *Esaú e Jacó*, o penúltimo romance lançado pelo escritor antes de sua morte, o autor insere na trama o tema das adivinhações, embora não seja este, mais uma vez, o foco central; trata-se de metáfora da história brasileira no final do Império e início da República, como sabemos. Porém, todo o primeiro capítulo trata das "cousas futuras". Natividade, grávida de gêmeos, gostaria de saber o destino dos filhos. Acompanhada da irmã, Perpétua, as duas sobem o morro do Castelo, onde habitava uma vidente famosa no Rio de Janeiro – a Cabocla. Nesse ponto da narrativa, o narrador se interfere na história para conversar com o leitor – velho hábito machadiano:

> (...) a freguesia era numerosa, e vinha de muitos meses. Também não há que dizer do costume, que é velho e velhíssimo. Relê Ésquilo, meu amigo, relê as Eumênides, lá verás a Pítia, chamando os que iam à consulta: "Se há aqui Helenos, venham, aproximem-se, segundo o uso, na ordem marcada pela sorte".

---

[37] COUTINHO, Afrânio. Estudo crítico. "Machado de Assis na Literatura Brasileira". *Obra Completa*. vol. 1, p. 51.

A vidente cobrou cinquenta mil-réis pela consulta:

> Era cinco vezes o preço do costume, e valia tanto ou mais que as ricas dádivas de Creso à Pítia.

Mais à frente, o narrador comenta a fama da Cabocla:

> Toda a gente falava então da cabocla do Castelo, era o assunto da cidade; atribuíam-lhe um poder infinito, uma série de milagres, sortes, achados, casamentos.

Deixamos aos leitores a curiosidade de saber o que a vidente dissera a Natividade. Somente lhes adiantamos que o nosso escritor misturou ao primeiro capítulo uma canção do folclore do sertão nortista, e é delicioso ler estas primeiras linhas do romance.

Depois, já no capítulo segundo do romance, Machado intercala um tipo popular das ruas do Rio: o "irmão das almas", que era quase sempre um moleque, um rapaz. Essa figura, nomeada pelas igrejas do Rio para esmolar carregando nas mãos uma bacia pequena, apregoava nas ruas e casas que o dinheiro angariado se destinava às almas do purgatório.

Nesse ponto da narrativa, já as duas mulheres haviam descido o morro, caminhando com muita cautela, para não serem reconhecidas; o que denota a intenção machadiana de abordar o problema da hipocrisia do ser humano, uma vez mais, em suas páginas. E o narrador continua:

> Os mesmos sapatos de um "irmão das almas", que ia a dobrar a esquina da Rua da Misericórdia para a de S. José, pareciam rir de alegria, quando realmente gemiam de cansaço. Natividade estava tão fora de si que, ao ouvir-lhe pedir: "Para as missas das almas!" tirou da bolsa uma nota de dous mil-

> réis, nova em folha, e deitou-a à bacia. A irmã chamou-lhe a atenção para o engano, mas não era engano, era para as almas do purgatório.

Extasiado com a prodigalidade da esmola, o rapaz gritou:

> Deus lhe acrescente, minha senhora devota! Exclamou o irmão das almas ao ver a nota cair em cima de dous níqueis de tostão e alguns vinténs antigos. Deus lhe dê todas as felicidades do céu e da terra, e as almas do purgatório peçam a Maria Santíssima que recomende a senhora dona a seu bendito filho!

Essa pequena intromissão do pedinte, na história narrada, vem a propósito de corroborar a nossa ideia a respeito da falsidade religiosa de Natividade. Após consultar uma vidente – prática proibida pela igreja – a mulher pratica a caridade. É como se Machado nos dissesse: – Pronto! A mulher já acendera uma vela ao diabo, lá no morro do Castelo, e agora trata de acender outra a Deus!

O narrador estende o papel da personagem "irmão das almas" no terceiro capítulo. Após outras peripécias, o rapaz – "contava apenas vinte e sete anos" – amarrotou a nota e meteu-a na algibeira das calças; "ficaram só os vinténs azinhavrados e tristes, o óbolo da viúva". Depois de muito perambular pelas ruas e casas, o moço dirige-se à igreja para prestar contas da féria do dia.

> Na igreja, ao tirar a opa, depois de entregar a bacia ao sacristão, ouviu uma voz débil como de almas remotas que lhe perguntavam se os dous mil-réis... Os dous mil-réis, dizia outra voz menos débil, eram naturalmente dele, que, em primeiro lugar, também tinha alma, e, em segundo lugar, não recebera nunca tão grande esmola. Quem quer dar tanto vai à igreja ou compra uma vela, não põe assim uma nota na bacia das esmolas pequenas. (...) não tirou a nota a ninguém... a dona é que a pôs na bacia por sua mão... também ele era alma...

O rapaz decidiu ficar com o dinheiro graúdo. Nesse parágrafo do texto, é notória a intenção do autor; ele embute na trama o outro lado da moeda ao expor mais uma faceta do ser humano: já não é mais a consciência de quem dá esmolas, mas a consciência de quem recebe a dádiva dos ricos. Mas quando pensamos que ficará por aí a exposição machadiana do caráter frouxo dos homens, no final do capítulo III o autor nos remete à hipocrisia de outras personagens suas (lembremos, por exemplo, Brás Cubas com Dona Plácida; Rubião com Quincas Borba; o enfermeiro com o coronel etc.). Para se lhe afrouxar a consciência, o irmão das almas mete no chapéu roto e sebento de um mendigo à porta da igreja dous vinténs, "como quer o Evangelho". Já em *Memórias Póstumas de Brás Cubas* o autor abordara a *"ruminação mental"* do homem diante do dinheiro alheio. Segundo Barreto Filho,[38] "Um de seus motivos mais insistentes na crítica moral é uma lei que poderíamos chamar de restituição ou da compensação em série".

Mudemos o rumo. Com relação aos "milagreiros", recorramos mais uma vez às crônicas para tentar de forma adequada o espelhamento das ideias de Machado de Assis, uma vez que o cronista "escreve com aquela graça dançarina; ninguém mais é bastante sábio e bastante livre para começar sua crônica pelas rosas e borboletas do jardim para emendá-las, com a lógica suprema do delírio (...) Dir-se-ia que o autor não leva a sério os acontecimentos que têm dimensões nacionais ou universais, e que não faz outra coisa, em suas páginas da semana, senão brincar, ou molhar a pena da galhofa na tinta da melancolia".[39]

---

[38] Barreto Filho. "O romancista". In: *Machado de Assis. Obra Completa.* Rio de Janeiro, Aguilar, p. 105.

[39] Corção, Gustavo. "Machado de Assis cronista". *Diário de Notícias.* Rio de Janeiro, 28/09/1958.

Começaram a aparecer mulheres santas e milagrosas. Na Bahia aparece uma que não come. Não comer é sinal vivo da santidade, donde eu concluo que o hotel é estrada real do inferno. A mulher de que se trata tem-se visto tonta com as romarias dos seus devotos, que já são muitos. Dizem os jornais que a polícia foi obrigada a mandar soldados para pôr alguma ordem nas visitas espirituais à mulher santa. Algumas supõem que a mulher não come por moléstia, e não falta quem diga que ela come às escondidas! Pobre senhora!

De outro lado, não me lembra em que província, apareceu uma velha milagrosa. Cura doenças incuráveis com ervas misteriosas. Isto só com alguns coros e um tenor dá meio ato de uma ópera à Meyerbber. Só a entrada da velha, que deve ter por força queixo comprido, visto que as velhas fantásticas não usam queixo curto, só a entrada era de arrepiar as carnes e enlevar os espíritos.

Il sono uma gran mèdica
Dottora enciclopèdica.

Há quem diga que também essa mulher é santa. Eu não gosto de ver as mulheres santas e os milagres a cada canto; ele e ela têm suas ocasiões próprias.

Em outra ocasião, 10 de março de 1895, n'*A Semana*, o escritor lança uma crônica "deliciosa" na qual aborda a feitiçaria. Mais uma vez, caro leitor, cremos ser pertinente reproduzi-la, em parte, pois receamos azedar as delícias machadianas. Além do mais, *"não estamos inclinados à demonstração; nem à simples narração!"* (Preste bem atenção a essas palavras, leitor atento!)

A autoridade recolheu esta semana à detenção duas feiticeiras e uma cartomante, levando as ferramentas de ambos os ofícios. Achando-se estes incluídos no código como delitos, não fez mais que a sua obrigação, ainda que incompletamente.

A minha questão é outra. As feiticeiras tinham consigo uma cesta de bugigangas, aves mortas, moedas de dez e vinte réis, uma perna de ceroula velha, saquinhos contendo feijão, arroz, farinha, sal, açúcar, canjica, penas e cabeças de frangos. Uma delas, porém, chamada Umbelina, trazia no bolso não menos de quatrocentos e dez mil-réis. Eis o ponto. Peço a atenção das pessoas cultas.

Nestes tempos em que o pão é caro e pequeno, e tudo o mais vai pelo mesmo fio, um ofício que dá quatrocentos e dez mil-réis pode ser considerado delito? Parece que não. Gente que precisa comer, e tem que pagar muito pelo pouco que come, podia roubar ou furtar, infringindo os mandamentos da lei de Deus. Tais mandamentos não falam de feitiçarias, mas de furto. A feitiçaria, por isso mesmo que não está entre o homicídio e a impiedade, é delito inventado pelos homens, e os homens erram. Quando acertam, é preciso examinar a sua afirmação, comparar o ato ao rendimento, e concluir. (...)

O código, como não crê na feitiçaria, faz dela um crime, mas quem diz ao código que a feiticeira não é sincera, não crê realmente nas drogas que aplica e nos bens que espalha? A psicologia do código é curiosa. Para ele, os homens só creem aquilo que ele mesmo crê; fora dele, não havendo verdade, não há quem creia outras verdades – como se a verdade fosse uma só e tivesse trocos miúdos para a circulação moral dos homens.

Tudo isto, porém, me levaria longe; limitemo-nos ao que fica; e não falemos da cartomante, em quem não se achou dinheiro, provavelmente porque o tem na caixa econômica. Relativamente às cartomantes, confesso que não as considero como as feiticeiras. A cartomante nasceu com a civilização, isto é, com a corrupção, pela doutrina de Rousseau. A feitiçaria é natural do homem; vede as tribos primitivas. Que também o é da mulher, confessá-lo-á o leitor. Se não for pessoa extremamente grave, já há de ter chamado feiticeira a alguma moça. Vão meter na cadeia uma senhora só porque fecha o corpo alheio com os seus olhos, que valem mais ainda que cabeças de frangos ou pés de galinha. Ou pés de galinha!

> Podia dizer de muitas outras feitiçarias, mas seria necessário indagar o ponto de semelhança, e não estou de alma inclinada à demonstração. Nem à simples narração. Deus dos enfermos! Isto vai saindo ao sabor da pena e tinta. E por estar doente, e com grandes desejos de acudir à feitiçaria, é que me dói (sempre o interesse pessoal!) a prisão das duas mulheres. Talvez a moeda de dez mil réis me desse saúde, não digo uma só moeda, mas um milhão delas. (...)

O cronista segue a sua crítica, atacando a política e, veladamente, o "jogo de bichos", que já se instalara em Vila Isabel.

Em outra ocasião, ou seja, a 13 de setembro de 1896, Machado de Assis refere-se a Manuel da Benta Hora, baiano que se dizia emissário de Jesus Cristo à terra. E o cronista comenta:

> Não serei eu que chame a isto verdade ou mentira. Podem ser as duas cousas, uma vez que a verdade confine na ilusão, e a mentira na boa-fé. Não tendo lido nem ouvido o Evangelho de Benta Hora, acho prudente conservar-me à espera dos acontecimentos. Certamente não me parece que Jesus Cristo haja pensado em mandar emissários novos para espalhar algum preceito novíssimo. Não; eu creio que tudo está dito e explicado. Entretanto, pode ser que Benta Hora, estando de boa-fé, ouvisse alguma voz em sonho ou acordado, e até visse com os próprios olhos a figura de Jesus. Os fenômenos cerebrais complicam-se. As descobertas são estupendas; tiram-se retratos de ossos e de fetos. Há muito que os espíritas afirmam que os mortos escrevem pelos dedos dos vivos. Tudo é possível neste mundo e neste final de um grande século. (...)

O cronista prossegue comentando que os jornais da Bahia recomendavam que se recolhesse Benta Hora à cadeia. Machado estabelece, então, um cotejo entre os padres políticos do Sergipe (que livremente, na imprensa, acusavam os padres da oposição), e Benta Hora. Defende o pobre do homem condenado, alegando que a ele seja dado o mesmo direito dos grandes, ou seja, o direito de vir a público expor as suas ideias.

> Lá porque o profeta é pequeno e obscuro, não é razão para recolhê-lo à enxovia.

Bem. Cremos que o leitor já refletiu bastante. Acrescentemos que a presença de adivinhos, videntes, bruxaria, na obra de Machado de Assis, reflete a censura socioeconômica – desprezo das classes favorecidas pelo vulgar – e a censura intelectual, que é a do próprio escritor.

Machado de Assis e o espiritismo

O espiritismo é uma religião,
não sei se falsa ou verdadeira;
ele diz que é verdadeira e única.
Presunção e água benta
cada um toma a que quer,
segundo outro adágio.[40]
Machado de Assis

A Federação Espírita Brasileira foi fundada no Rio de Janeiro em 1º de janeiro de 1884. Nessa época, Machado de Assis já escrevia as suas crônicas, como se viu. Inserida a nova religião – ou ciência, como querem os espíritas – na pauta nas rodas e conferências, o escritor não deixaria de a ela se referir. Exemplos são as crônicas às

[40] *A Semana*, 27/outubro/1895.

quais faremos algumas referências: a primeira delas foi escrita em 5 de outubro de 1885. O humor e a crítica machadiana perpassam todo o texto. O cronista confessa ter estado na sala da Federação Espírita Brasileira, onde ouvira, sem ser notado, uma conferência ministrada pelo Sr. M. F. Figueira, sobre o espiritismo; ficara convencido; iria filiar-se à nova doutrina. Porém, a sua estada na sala de conferências é narrada com fino sarcasmo, novamente com a tinta da galhofa. É bom que o leitor leia a crônica, na íntegra, pois temo empanar o sabor da narrativa do Bruxo de Cosme Velho.

Na segunda crônica, do dia 11 de outubro do mesmo ano, o escritor continua o seu humorismo sem par, "narrando a sua iniciação". Vejamos um trecho, apenas:

> Fui iniciado quinta-feira, às nove horas da noite, e não conto nada do que se passou, porque jurei calá-lo, por todos os séculos do séculos. Uma vez admitido no grêmio, preparei as malas para ir estabelecer-me em Santo Antônio de Pádua. O novo adepto deixa claro, na crônica, que tencionava ficar rico na cidadezinha fundando uma nova igreja. Mas veio um decreto: "*Fica proibido fingir-se inspirado por potências invisíveis, ou predizer coisas tristes ou alegres*".

E o cronista termina assim a sua crítica ferina:

> Lá se foi todo o meu plano! Bárbaro código! Torturas do diabo! Aqui na corte, a gente pode dizer, por meio de cartas de jogar, uma porção de coisas alegres ou tristes, e ainda em cima recebe dous mil-réis, ou cinco, se a notícia é excelente, e a pessoa é graúda, e ninguém vai para a cadeia; ao passo que ali em uma simples vila do interior...

Na terceira, escrita em 19 de julho de 1888, o cronista trata de um fato real:

> Os espiritistas brasileiros acabam de dar um golpe de mestre. Apareceu por aqui um médium, Dr. Slade é o seu nome, com a fama de ser prodigioso. A Federação Espírita Brasileira nomeou uma comissão para estudar os fenômenos de escritura direta sobre ardósias e outro efeitos físicos produzidos com o médium. Pois, senhores, não achou que o homem valesse a fama; declarou que os trabalhos ficaram muito abaixo do que esse mesmo médium conseguiu na Inglaterra, França, Alemanha, Estados Unidos e Austrália. É verdade que a própria Federação explica a diferença. "Todos os que estudam os fenômenos espíritas (diz ela) conhecem que a mediunidades estão sujeitas e a esses eclipses." E noutro lugar: "Sabem todos que os invisíveis não estão servilmente à nossa disposição!"
>
> Ora, tudo isto, que parece algaravia, sendo lido por um espírita, é como a língua de Voltaire, pura, límpida, nítida e fácil. "Os invisíveis não estão servilmente à nossa disposição!" Não falo do enriquecimento da língua com a palavra mediunidade, que é nova, sem ser esbelta. Fosse eu bei de Tunes, e o meu colégio me explicaria tudo isso e mais isto: "Somente lamentamos que nesses eclipses da sua faculdade, o médium, sem dúvida por sugestões malignas, busque simular os fenômenos que obtém nas condições normais..."
>
> Ao que parece, o *médium* não foi só (com perdão da palavra) apenas *minimum*, mas até procurou embaçar a Federação. Não andou bem; e a Federação cumpriu o seu dever desvendando as sugestões malignas. Nem pareça que isto mesmo foi sugestão de despeito; a Federação conclui francamente aquele período: "... fato aqui plenamente verificado".
>
> Valha-me Nossa Senhora! Que porção de cousas obscuras, que eu nunca hei de entender! E daí, quem sabe? Schopenhauer chegou a crer nas *mesas que giram*; há quem acredite no casamento da constituição brasileira com o sistema parlamentar. Não é muito acreditar nos motivos do eclipse do Dr. Slade, mesmo sem entendê-los... Ah! por que não me fazem bei de Tunes!

Em outra crônica, Machado comenta um caso de bigamia inusitada, posto que envolvia um capitão, a sua cunhada e a mulher dele – esta, morta; porém, com outro cadáver na sepultura, que não o dela! Caso para a polícia resolver, porque o enigma requeria "cinco polícias juntas, quanto mais uma". Mas o cronista aconselha: "Vinde, porém, ao espiritismo, e vereis tudo claro como água". E ele prossegue o seu comentário irônico, narrando o caso de um espírito que fora invocado em sessão e assinara a mensagem com o título nobiliário: Marquês de Abaeté. Nessa hora, a crítica machadiana ao espiritismo é terrivelmente maliciosa:

> A circunstância, porém, da assinatura é que me clareou a alma, porque o espírito assinara, não o seu nome de batismo, mas o título nobiliário. Se houvesse charlatanismo, teria saído o nome de Antônio, para fazer crer que os espíritos desencarnados deixam neste mundo todas as distinções.

O cronista prossegue, em sua crítica humorística, dizendo que certo gênio havia se reencarnado em um burro e, para seu desgosto, a sociedade o repelira; e o espírito reincorporado dizia de si para consigo mesmo:

> – Não fosse a minha ilusão em reencarnar-me nesta besta, e estaria agora entre pessoas honradas e ilustradas, falando em vez de zurrar, colhendo palmas, em vez de pancadaria. É bem feito; a minha ideia de incorporar o burro na sociedade humana, se era generosa, não era prática, porque o homem nunca perderá o preconceito dos seus dous pés.

Machado não fica por aí. Continua a crítica sugerindo a reencarnação dos espíritos em obras humanas, veículos ou objetos, que lhes compensasse a vida anterior. Exemplifica com a tartaruga, que merecia ser reencarnada em *bond* elétrico, talvez, quem sabe...

Em crônica do dia 27 de outubro de 1895, Machado comenta o caso de uma mulher que morrera de ataque dos nervos quando assistia a uma sessão de espiritismo. O presidente da associação tratou de defender a entidade da responsabilidade pela morte da fulana, dizendo que as práticas ali realizadas eram meramente evangélicas. E o cronista diz assim:

> Não quero saber se Inês morreu do ataque, nem se este foi produzido pela prática evangélica do presidente, que aliás declarou na ocasião ser cousa desacertada levar àquele lugar pessoas sujeitas a tais crises. Também não quero saber se todas as moléstias, como diz o médium, são curáveis com um pouco d'água e um padre-nosso (...) A questão substancial, e posso dizer única, é a liberdade.

Machado aproveita o tema e novamente defende a liberdade de religião, garantida pela Constituição. Mais à frente, diz:

> O espiritismo é uma religião, não sei se falsa ou verdadeira; ele diz que é verdadeira e única. Presunção e água benta cada um toma a que quer, segundo outro adágio. Hoje tudo vai por adágios. Verdadeiros ou não, escrevem-se e publicam-se inúmeros livros, folhetos, revistas e jornais espíritas. (...) Admito que haja alguns charlatães; mas o charlatanismo, bem considerado, que outra cousa é senão uma bela e forte religião, com os seus sacerdotes, o seu rito, os seus princípios e os seus crédulos, que somos tu e eu?

Também nos romances e crônicas machadianos há várias passagens em que o autor aborda o espiritismo. Em *Esaú e Jacó*, o banqueiro Santos é espírita confesso. Ele é marido de Natividade, a mãe dos gêmeos que consultara a Cabocla do morro. Santos, no entanto, repele a Cabocla porque "gente distinta deve repelir este tipo de crença". Mas tampouco ele adota a religião oficial de seu país, de sua gente, rica ou pobre; ele procura uma religião científica, racional – o espiritismo. José Maria, de *A Segunda Vida*, viu sua morte e se reencarnou em outro corpo; a reencarnação é o polo de convergência das atitudes do protagonista, mas o diálogo travado com o Diabo traz à tona o tema do absurdo.

Ainda se referindo à reencarnação, o cronista deixa extravasar a sua veia humorística em crônica de 20/05/1894:

> A perfeição das perfeições será quando os espíritos nascerem de si mesmos. Com alguns milhões deles se irá compondo este mundo, até que, pela decadência natural das cousas, baste um único espírito dentro da única e derradeira casa de saúde. Ó abismo dos abismos!

O que se depreende da leitura dos textos machadianos que aludem à vidência, ao espiritismo, é que a demência dos homens é a terra onde grassam os mistérios, as premonições, os milagres. Dentro da loucura está o absurdo. Dentro do absurdo o inexplicável. E dentro do inexplicável, o ceticismo.

Quinto Capítulo

MAS NÃO FOI!...

"Romancista do perecível", "moderno Eclesiastes",
sua obra é expressão de angústia temporal,
é busca do sentido da vida
através da experiência humana.
Dirce Cortes Riedel[1]

O problema do homem e seu destino terreno,
segundo a tese cristã da queda, que faz da Terra um vale de lágrimas,
é agravado pela sua [de Machado] (grifo nosso) *desesperança*
na redenção futura, pela sua moral jansenista,
essencialmente triste e pessimista.
Afrânio Coutinho[2]

Estou tão longe da infância como da decrepitude;
não anseio pelo futuro, mas também não choro pelo passado.
Nisto sou uma exceção dos outros homens que de ordinário,
diz um romancista, passam a primeira metade da vida a desejar a segunda
e a segunda a ter saudades da primeira.
Machado de Assis[3]

---

[1] Apud. Coutinho, Afrânio. *Op. cit.*, p. 42.
[2] Id., ibidem, p. 25.
[3] *Cartas Fluminenses* – 5/03/1865.

A minha alma, talvez, não é tão pura,
Como era pura nos primeiros dias;
Eu sei; tive choradas agonias,
De que conservo alguma nódoa escura,
Talvez. Apenas à manhã da vida
Abri meus olhos virgens e minh'alma,
Nunca mais respirei a paz e calma,
E me perdi na porfiosa lida.
Mas se minh'alma, acaso, é menos pura
Do que era pura nos primeiros dias,
Por que não soube em tantas agonias
Abençoar a minha desventura;
Se a blasfêmia os meus lábios poluíra,
Quando, depois de tempo e do cansaço,
Beijei a terra no mortal abraço
E espedacei desanimado a lira.
Machado de Assis (Versos a Corina)

Segundo Afrânio Coutinho,[4] Joaquim Maria Machado de Assis teria vivenciado entre os trinta e quarenta anos a corrosão da saúde física e moral, acarretando uma crise espiritual e estética, sob influências pessimistas – Pascal, Montaine, Schopenhauer, Leopardi – que "condicionaram a sua cosmovisão definitiva". Inúmeros críticos apontam o fato de que, apesar de diferenças na estética machadiana depois de *Memórias Póstumas de Brás Cubas* (1881), a confluência dos fatores determinantes vinha operando-se entre os anos de 1869 e 1879, no acúmulo das experiências que gerariam uma significativa

[4] Coutinho, Afrânio. *Op. cit.*

mudança de credo espiritual e estético no autor. Os primeiros volumes *Contos Fluminenses* (1870) e *Histórias da Meia-Noite* (1873) "valem pelo equilíbrio que procuram estabelecer entre a tendência romântica e a realista".[5] Já nos contos reunidos em *Papéis Avulsos* (1882) e *Histórias Sem Data* (1884) verificam-se o apuramento técnico, o domínio dos processos estilísticos, uma vez que o conto significou, para o escritor, um laboratório de experimentação ficcional e maturação literária; "produto da libertação espiritual que se vinha processando e que culminou na década de 70, por volta dos quarenta anos, na maturidade de sua personalidade de escritor e artista".[6]

Assim, temos a salientar as transformações lentas que a concepção estética machadiana sofreu, sob os reflexos do processo de maturação do escritor. Dentre esse processo, uma das questões mais importantes registradas pelos críticos literários foi a que se refere ao ceticismo, ao niilismo, machadianos. Esses são temas que talvez nos ajudem a explicar a grande espiritualidade machadiana, que é a nossa proposta.

Leitor, por que Machado de Assis era cético?!

Comecemos pelo desencanto. Há uma poesia dele, *Flor da Mocidade*, da qual já destacamos alguns versos para epigrafar o terceiro capítulo desse nosso livro, que prenuncia o desencanto do moço Machado de Assis. A última oitava é um alerta para que não deixemos que se percam as nossas ilusões, antes que seja tarde demais para recuperá-las; que colhamos a flor da nossa mocidade, ainda viçosa e cheia de juventude.

---

[5] Barreto Filho, apud Afrânio Coutinho. *Op. cit.*, p. 27.

[6] Coutinho, Afrânio. *Op. cit.*, p. 29.

Colhe-se antes que venha o mal,
Colhe-se antes que chegue o inverno;
Que a flor morta já nada vale.
Colhe-se antes que venha o mal.
Quando a terra é mais jovial
Todo o bem nos parece eterno
Colhe-se antes que venha o mal,
Colhe-se antes que chegue o inverno.

O poeta já pressentia a efemeridade da vida. Mas nem por isso devamos aludir à sua descrença, à sua desesperança, somente a fatos que possam ter-lhe acontecido. O sentido do trágico não carece de experiências. Carece de inteligência, de raciocínio lógico, de filosofia. E o nosso maior escritor era um filósofo nato. A grandeza de seu espírito advinha de seu mundo interior, burilado com leituras e com a arguta observação dos homens:

Mundo Interior (Ocidentais)

Ouço que a natureza é uma lauda eterna
De pompa, de fulgor, de movimento e lida,
Uma escala de luz, uma escala de vida
De sol à ínfima luzerna.

Ouço que a natureza – a natureza externa, –
Tem o olhar que namora, e o gesto que intimida
Feiticeira que ceva uma hidra de Lerna
Entre as flores da bela Armida.

E contudo, se fecho os olhos, e mergulho
Dentro de mim, vejo à luz de outro sol, outro abismo
Em que um mundo mais vasto, armado de outro orgulho

Rola a vida imortal e o eterno cataclismo,
E, como o outro, guarda em seu âmbito enorme,
Um segredo que atrai, que desafia – e dorme.

A poesia O Corvo, de Edgar Poe,[7] tradução machadiana, também espelha um profundo desencanto. Parece não ter sido aleatória a escolha para efetuar a tradução. Relembremos apenas alguns versos:

Profeta, ou o que quer que sejas!
Ave ou demônio que negrejas!
Profeta sempre, escuta: Ou venhas tu do inferno
Onde reside o mal eterno,
Ou simplesmente náufrago escapado
Venhas do temporal que te há lançado
Nesta casa onde o Horror, o Horror profundo
Tem os seus lares triunfais,
Dize-me: "existe acaso um bálsamo no mundo?"
E o corvo disse: "Nunca mais".

(...)

E o corvo aí fica; ei-lo trepado
No branco mármore lavrado
Da antiga Palas; ei-lo imutável, ferrenho.

---

[7] Edgar Allan Poe, poeta americano, nascido em Boston.

Parece, ao ver-lhe o duro cenho,
Um demônio sonhando. A luz caída
Do lampião sobre a ave aborrecida
No chão espraia a triste sombra; e, fora
Daquelas linhas funerais
Que flutuam no chão, a minha alva que chora
Não sai mais, nunca, nunca mais!

Outra escolha do escritor que talvez nos possa trazer subsídios para explicar o seu desencanto é a tradução de *To Be or not To Be*, de Shakespeare. Porém, a versão para poesia da fábula de La Fontaine – *Os Animais Iscados da Peste* – deixa antever muito mais ainda a impressão negativa do versor quanto à injustiça dos julgamentos humanos; noção esta centrada nos últimos versos:

(...)
E o pecadilho foi julgado
Um atentado.
Pois comer erva alheia! Ó crime abominado!
Era visto que só a morte
Poderia purgar um pecado tão duro.
E o burro foi ao reino escuro.
Segunda sejas tu miserável ou forte
Áulicos te farão detestável ou puro.

Há mais uma poesia *(Ocidentais)* que nos chama a atenção pelo amargo desencanto do poeta:

A Felício dos Santos

Felício amigo, se eu disser que os anos
Passam correndo ou passam vagarosos,
Segundo são alegres ou penosos,
Tecidos de afeições ou desenganos,

"Filosofia é esta de rançosos!"
Dirás. Mas não há outra entre os humanos.
Não se contam sorrisos pelos danos,
Nem das tristezas desabrocham gozos.
(...)

Machado escreveu uma poesia na qual ele traça um cotejo entre a esperança e o desengano: *No Limiar*. Vale pelo tema; são versos ingênuos, escritos em 1863, quando o escritor contava apenas 24 anos, ou seja, engatinhava nas letras. A ingenuidade se repete em *Os Dous Horizontes*, poesia dedicada a Ferreira Guimarães, na qual o desengano da vida é traçado em um outro cotejo: a saudade e a esperança.

Pois bem. Voltemos à pergunta: por que Machado de Assis era cético? Ele que a responda:

> Não achareis linha céptica nestas minhas conversações dominicais. Se destes com alguma que se possa dizer pessimista, adverte que nada há mais oposto ao cepticismo. Achar que uma cousa é ruim, não é duvidar dela, mas afirmá-la. O verdadeiro céptico não crê, como o Dr. Pangloss, que os narizes se fizeram para os óculos, nem, como eu, que os óculos é que se fizeram para os narizes; o céptico verdadeiro descrê de uns e de outros. Que economia de vidros e defluxos, se eu pudesse ter esta opinião![8]

[8] *A Semana* – 28/02/1897.

Cabe aqui uma brincadeira com Machado; e um pouco de descontração com o leitor sisudo:

> – Machado, você ri de tudo!!!
> – Sim, eu rio. Há pessoas que não sabem ou não se lembram de raspar a casca do riso para ver o que há dentro; rio, rio de tudo, como o famoso barbeiro da comédia, *de peur d´être obligé d´en pleurer*.[9]

Desculpe o cunho intimista dessas últimas páginas, amigo leitor, mas acontece que já refletimos juntos há muito, e a licença se interpôs em nossas linhas.

Pois é. Mas concordamos com Afrânio Coutinho,[10] quando ele diz: "... em Machado o divertimento é sempre coberto por uma ideia do homem, e uma ideia realista, observada da vida real, cotidiana, individual, porém ligada ao universal da condição humana. Há nele pois o gosto da psicologia aplicada e da moral prática. Ele era um observador preocupado com o homem e com a conduta da vida (...)".

Porém, não podemos concordar quando ele alia ao humorismo machadiano a amargura e o tédio, o ódio da vida e o pessimismo. Não! Ficamos com a opinião de Barreto Filho,[11] que reconhece em Machado um genuíno representante do espírito trágico, aquele que é capaz de penetrar na essência dolorosa da vida, assim como Nietzsche e Hamlet penetraram. O espírito trágico exige a perfeição da obra. E a literatura brasileira tem a honra de encabeçar a sua lista de escritores famosos com aquele que mais se aproxima

---

[9] *Balas de estalo* – 26/01/1885.
[10] Coutinho, Afrânio. *Op. cit.*, p. 43.
[11] Barreto Filho. *Op. cit.*, p. 101.

da perfeição artística da palavra: Machado de Assis! Ao fazer de sua arte testemunho de preocupação com a essência da vida, ironicamente o autor apresenta a desoladora face dos homens, oculta pela máscara dissimuladora da hipocrisia. Segundo Olavo Bilac[12] "Machado de Assis não odiou os homens; teve pena de todos eles, porque teve pena de si mesmo". Sua ironia, sem ser indignada ou acusatória, tem efeito que mais incomoda do que condena, uma vez que Machado foi polidamente sutil.

Em uma de suas cartas a Carolina, o escritor não parece um homem desencantado da vida; pelo contrário, ele é capaz de animar a noiva com palavras de encorajamento:

> Além disso tens para mim um dote que realça os mais: sofreste. É minha ambição dizer à tua grande alma desanimada: "levanta-te, crê e ama; aqui está uma alma que te compreende e te ama também".[13]

Leitor amigo, vamos refletir um pouco mais no capítulo que segue. Vamos lá?

---

[12] Bilac, Olavo. Crônica na *Gazeta de Notícias.* 4/10/1908.

[13] *Epistolário: A Carolina.* 2/03/1868/1869.

Sexto Capítulo

OU FOI?!...

A descrença é explicação fácil,
e nem sempre sincera.
Machado de Assis[1]

Achar que uma cousa é ruim,
não é duvidar dela,
mas afirmá-la.
Machado de Assis[2]

Que mal me saiu da pena ou do coração?
Fui antes pio e equitativo que rigoroso e injusto.
Cheguei à elegia e à lágrima (...).
Machado de Assis[3]

Além desta vida há uma vida melhor.
Machado de Assis[4]

---

1 *A Semana,* 24/07/1892.
2 Crônica de 28/02/1897.
3 *A Semana,* 28 de fevereiro de 1897.
4 Crônica de 1862 – n'*O Futuro.*

Para entrar na casa de Deus não basta um vestido preto;
é preciso uma alma nova, isto é, uma intenção pura.
Machado de Assis[5]

Creio não exagerar se disser que
as crônicas de Machado de Assis
contêm uma preciosa lição de espiritualidade.
Elas nos ensinam, em estilo especial,
a estarmos no mundo sem sermos do mundo,
como em outro estilo nos ensinou o Apóstolo das gentes.
(...) Talvez não tivesse consciência plena
da espiritualidade vestida de humorismo.
(...) Há um ceticismo que já é um bom e sólido começo de fé.
Gustavo Corção[6]

O que nos interessa, sobremaneira, é o questionamento que trazemos à baila: havia, mesmo, falta de religião ou de religiosidade na alma do escritor Machado de Assis? Creio ser chegada a hora de tentarmos expor o nosso pensamento final. Vejamos.

Iniciamos a nossa conversa propriamente dita no segundo capítulo, quando demos um passeio na vida e na obra de Machado adolescente, quase uma criança, observando os fatores que possam ter influenciado na formação de seu espírito. O título por nós escolhido por si só explica o capítulo: *"O menino é o pai do homem"*.

Depois, no terceiro capítulo, tecemos algumas *considerações* pertinentes ao posicionamento machadiano diante de temas atrelados à religião ou à religiosidade.

---

5 *Crônica* de 12/03/1867.

6 Corção, Gustavo. "Machado de Assis cronista". In: *Obra Completa*, p. 330.

Em seguida, no quarto capítulo, prosseguimos na hipótese de que, *"Se o menino é o pai do homem, o jovem deve ser o* ***prenúncio do homem****"*; e nossa pesquisa se debruçou sobre a obra machadiana da maturidade, no intuito de trabalhar a hipótese levantada no título.

A seguir, batizamos o nosso quinto capítulo de *"Mas não foi!..."*, tecendo considerações a respeito da negação da hipótese levantada no capítulo anterior.

E agora, a esse sexto capítulo chamamos *"Ou foi?!..."*.

Nesse momento a nossa "conversa" será direcionada à procura de respostas que possam elucidar a problemática estabelecida em torno do *homem* Machado de Assis visivelmente refletido no *escritor* Machado de Assis.

Então, vamos ao tira-dúvidas: *foi* ou *não foi* aquele jovem o prenúncio do homem?! *Foi* ou *não foi* o caráter machadiano destituído de espiritualidade?! Recordemos juntos alguns conceitos:

– O que é religião?

Resposta do dicionário Aurélio: "crença na existência de uma força etc.; filiação a um sistema específico... etc.; reverência às coisas sagradas".

Ora, pelo que vimos, Machado de Assis acreditou na existência de uma entidade superior, sobrenatural, e reverenciou as coisas sagradas; além do mais, ele foi batizado na Igreja Católica Apostólica Romana e jamais aderiu a outra crença; não deixou de frequentar essa Igreja – embora o fizesse esporadicamente, eu sei –, mas a maioria dos católicos assim procede – sem que a filiação a ela se dissolva. Então, religião ele tinha, iniciada e professada nos primeiros tempos de sua vida.

– O que é religiosidade?

Resposta do Aurélio: "qualidade de religioso; disposição ou tendência para a religião ou as coisas sagradas".

Parece que Machado deixou de rezar na idade adulta, apesar de atestar conhecimento das rezas e da liturgia na abordagem de seus temas. No entanto, segundo Tobias Barreto,[7] "dizer que a religião não tem raízes profundas no mais íntimo da alma humana é uma calúnia psicológica. Se porque o estado religioso de alguns espíritos pode atenuar-se a ponto de parecer nulo, daí se deduz que ele é provisório e não corresponde a uma faculdade permanente, não seria injusto assegurar também que o estado filosófico é da mesma natureza, porque vemo-lo muitas vezes tornar-se vagamente indeciso e perder-se nos vapores de místicas visões".

– Machado de Assis era agnóstico? Sim, dou a mão à palmatória; ele era agnóstico. Relendo a definição no dicionário é fácil nela encaixarmos a inteligência machadiana.

– Ele era cético?

Também era. O escritor duvidava de tudo. Que importa a dúvida? Tobias Barreto, em sua monumental obra religiosa, cita Jean-Marie Guyau, que diz: "A dúvida não é no fundo tão oposta, como se poderia acreditar, ao sentimento religioso mais elevado: é uma evolução desse próprio sentimento. A dúvida, com efeito, não é o absoluto nem pode apanhá-lo direta ou indiretamente. Neste ponto de vista a dúvida é o mais religioso dos atos do pensamento humano".

Então, o que nos fica? Chamá-lo de espírito antirreligião? Não podemos. Ele não atirou pedras nem na cruz e nem na igreja dele! Chamá-lo de antirreligioso? Talvez. Por negligência ou falta de fé. Segundo o Aurélio, *"ter fé é acreditar"*. Machado não acreditava; então não tinha fé. Mas "o homem pode não acreditar

---

[7] Barreto de Menezes, Tobias, em *Americano,* apud Artur Orlando, in: *Crítica de religião.* Aracaju, MEC, 1978, p. 15.

numa revelação, nem na existência de um Deus pessoal, nem na vida futura e nem por isso será menos piedoso, e terá uma alma menos religiosa".[8]

– Ele era cristão?

E eis que nos surge o nosso principal questionamento:

– O que é ser cristão?

Resposta sucinta: – É dar testemunho de Cristo.

– De que forma? Com sermões?

– Não, com atitudes que o comprovem. Existe uma oração belíssima, que termina com essas palavras: "Que todos que se aproximarem de mim sintam a Tua presença, Senhor, e que, no decorrer desse dia, eu Te revele a todos". Esse desejo de revelar Jesus resume, para nós, a mais contundente prova da presença de espiritualidade no indivíduo. Assim como a natureza, os animais, as maravilhas do universo, enfim, toda a criação nos leva a concluir que Deus existe, as nossas atitudes espelharão o *Cristo que habita em nós*, segundo São Paulo; o testemunho de nossa crença no Filho de Deus é fator de persuasão, sem dúvida alguma.

Pois bem. O leitor há de convir que Machado frequentemente apontava o norteamento cristão de conduta em sua obra: caridade, amor ao próximo, pureza de coração etc. Para exemplificar essa nossa afirmativa, consideremos que no palimpsesto dos textos machadianos estão incutidos "piparotes" nos princípios contrários ao cristão. São eles os princípios que ferem a Deus, a nós mesmos e ao nosso próximo: Gula, Avareza, Inveja, Ira, Soberba, Luxúria, Preguiça – sete pecados capitais instituídos pelo papa Gregório Magno. Esses sete pecados aparecem veladamente ou com clareza na obra machadiana, levando o leitor a evocá-los ao longo das

---

8 Idem, ibidem, p. 17.

leituras e ver nas ações das personagens um tipo de lição moralista; o próprio escritor afirmara serem os cronistas os "beneditinos da história mínima". Teria sido ele próprio um beneditino?! Sem dúvida que o foi!

Referindo-se à ironia machadiana, Olavo Bilac vem ao encontro de nosso pensamento, quando em crônica[9] de exaltação ao mestre, após a sua morte, disse assim:

> (...) *Nunca em seus versos e em sua prosa houve um grito de raiva nem um movimento de asco. A sua ironia foi mansa, não feria, – perdoava. Alguns dos tipos de suas novelas são modelos de egoísmo, de maldade fria, de dureza de alma; parece, porém, que ao acentuar esses defeitos, o novelista está dizendo nas entrelinhas da narração: Coitados! São o que tinham de ser; não são o que desejariam ser, se lhes fosse permitido o desejo de melhorar...* Pudesse ele, e fecharia aos olhos e à alma de todos os seus semelhantes o arcano triste dos segredos da vida, que os seus olhos e a sua alma haviam sondado. Em sua opinião, perder as ilusões era a pior das desgraças.

Outro fator importante que ressalta no estudo da obra machadiana é que, além de o homem Joaquim Maria Machado de Assis ter vivido dentro dos princípios cristãos (não nos estamos referindo aos princípios católicos, vejam bem!) – funcionário exemplar, marido exemplar, acadêmico exemplar, amigo exemplar –, o escritor Machado de Assis encarregou-se de sua missão apostólica acima de qualquer outro escritor laico que tenhamos em nossa terra. Se não soubéssemos nada da vida do escritor, ou seja, se não houvesse um estudo biográfico do homem, ainda assim nós o reverenciaríamos como cristão, porque *"na própria obra, naquela*

---

[9] *Gazeta de Notícias*, 04.10.1908.

mesma que parece ostentar descuido e falta de sisudez, há a finura e a beleza, há o cuidado extremo da forma, há o zelo excelente da expressão para nos dar a pista da alma escondida do autor".[10] Mas não fica por aqui a opinião do eminente Gustavo Corção. Seu pensamento veio ao encontro do nosso quando lemos o seu artigo. Assim diz ele a respeito das crônicas machadianas:

> (...) *Creio não exagerar se disser que as crônicas de Machado de Assis contêm uma preciosa lição de espiritualidade. Elas nos ensinam, em estilo especial, a estarmos no mundo sem sermos do mundo, como em outro estilo nos ensinou o Apóstolo das gentes.* Toda obra de arte, na medida em que é autêntica, na medida em que traduz uma experiência profunda, traz essa mensagem, esse recado de eternidade ou de transcendência do homem sobre o mundo. Ao contrário, será pobre e mirrada a obra de arte que se submete ao calendário, às tendências em voga, pretendendo servir a mobilidade em vez de servir-se dela para anunciar a existência de alguma imobilidade. (...) Machado de Assis pressentia, a seu modo, o teor da eternidade escondido nas coisas efêmeras. *Talvez não tivesse consciência plena da espiritualidade vestida de humorismo*; talvez não formulasse, nos termos usuais dos autores místicos, a transcendência do homem sobre o mundo, e conseguintemente a transcendência de bom gosto, do estilo, sobre a matéria contingente. O bom gosto é uma espécie de espiritualidade; o riso machadiano, uma espécie de contemplação. O mundo merece atenção, mas quando reclama toda a nossa atenção merece riso. (...) *Ainda que não saiba que caminho seguir, ainda que ignore o endereço das coisas que permanecem e que valem com inflexível valor, já dará prova de obscura crença nesses valores quem souber afirmar certa incredulidade nos ostentatórios valores do mundo. Há um ceticismo que já é um bom e sólido começo de fé. Ao contrário, há uma credulidade que é a pior forma de ceticismo.*

---

[10] Corção, Gustavo. *Op. cit.*, p. 329.

Grande e sábio Gustavo Corção! Que beleza de análise crítica! Nada há que se acrescente a tanta perspicácia de espírito. Calemo-nos, reflitamos, para somente depois continuar...

Cremos que não somente a meditação dos filósofos preferidos, mas também a leitura atenta da Bíblia católica, emprestaram ao grande escritor Machado de Assis a capacidade de, apoiado num arsenal filosófico de primeira linha, exercer a sua autoridade doutrinária. Mas há os teimosos, aqueles que não veem nada disso na obra machadiana; somente enxergam o riso, o sarcasmo, o niilismo. A série onomástica é longa e a sua enumeração fugiria ao propósito de nosso livro. Importa apagar a "imagem deformada de Machado de Assis, tão deformada que, em verdade, o eminente escritor assumiria, aos nossos olhos, um aspecto monstruoso, talvez mesmo odiento, se realmente fosse como o pintam. O ausente, o absenteísta, o interiorizado que jamais via o mundo exterior, esse não passa, no entanto, de um mito".[11]

Outra injustiça cometida contra Machado de Assis é tachá-lo de casmurro, "bicho de concha", quando era na verdade um espírito eminentemente aberto ao convívio social. Lúcia Miguel-Pereira foi uma da lista dos biógrafos que cometeu esse engano; assim diz a equivocada escritora, quando o descreve para nós: "Escritor, buscou as associações literárias, seguindo aliás uma tendência do seu tempo. Funcionário, devia-se ter querido enquadrar no elemento oficial, governista. *E isso tudo sem ser íntimo dos companheiros de letras, nem pôr a pena ao serviço do governo. Encostava-se, sem abraçar"*. Cremos que faltaram informações à escritora. Machado foi muito amigo de seus colegas de repartição e amicíssimo de seus colegas

---

[11] Magalhães Jr. *Machado de Assis desconhecido.* apud. Renard Pérez. "Machado de Assis e a sua circunstância". In: *Obra Completa.* Rio de Janeiro, Aguilar, p. 76.

de letras! Vejamos algumas provas dessa amizade. Assim nos conta o excelente biógrafo do autor, aquele que mais justiça fez a Machado de Assis – Magalhães Júnior:[12] "O jovem Machado de Assis não sabia então o que fosse tédio à controvérsia. *Seu temperamento era alegre, buliçoso e pugnaz"*. Salvador de Mendonça, que conviveu intimamente com ele nessa época, em artigo evocativo, publicado n'*O Imparcial* a 23 de março de 1913, na série a que deu o título de *Coisas do Meu Tempo*, lembra o período em que trabalhou ao lado de Machado de Assis e Henrique Cezar Múzzio no Diário do Rio de Janeiro. "*O Machado de Assis que ele evoca é um rapaz divertido, jovial, amigo de pregar peças,* sempre a imaginar partidas contra o secretário do jornal, que lhe pagava na mesma moeda...".

A crônica de Salvador de Mendonça é reproduzida na obra de Magalhães Jr. e narra uma das peripécias ocorridas entre Machado de Assis e Múzzio, que "caçoavam" o tempo todo um com o outro. Ainda em Magalhães Jr. encontramos um depoimento de Artur de Azevedo – teatrólogo e cronista que se fizera grande amigo de Machado a partir de 1872 –, quando os dois foram trabalhar na mesma repartição pública. Azevedo lhe dedicou três artigos publicados na seção *Palestra,* em *O País*, quando da morte de Machado de Assis. Vejam o que diz o cronista: "Calculem como devo estar comovido diante do cadáver do companheiro, amigo e mestre, com quem durante trinta e quatro anos me encontrei quase todos os dias, sob o mesmo teto! Calculem que mundo de recordações e de saudades desperta esse grande morto no meu espírito e no meu coração. Pois bem, não o choro, não quero chorá-lo, porque a morte foi um alívio para aquele corpo torturado e aquela alma dorida. Há quanto tempo

---

[12] Magalhães Jr. *Vida e obra de Machado de Assis.* Vol. 1. Rio de Janeiro, Civilização Brasileira, p. 171.

o mestre, que dantes falava de tudo e de tudo sorria, não falava senão da morte, *e não sorria mais*... (...) E como era triste comparar o Machado de Assis dos últimos tempos com o de outrora, *alegre, cheio de vivacidade, eternamente rapaz, dizendo um bom dito a propósito de tudo, e rindo, rindo sempre!*".

Quanto à relação que Machado mantinha com os amigos das letras, assim se pronuncia Magalhães Jr.:[13] "Como presidente da Academia, Machado fazia o papel de algodão entre cristais, ignorando querelas e inimizades, tão comuns em sociedades literárias, mesmo entre as que não são numerosas. O exame de sua correspondência com alguns acadêmicos mostra a que extremos levava sua discrição, tato diplomático e neutralidade". E o que dizer dos termos afetuosos com que Machado de Assis tratava os amigos – e era correspondido – em suas cartas e bilhetes? Basta ler o *Epistolário* para encontrar ali registrado o carinho de uns para com os outros! Destaquemos alguns trechos, os mais carinhosos, para a nossa apreciação:

[13] Id., ibid. Vol. 4, p. 149.

3 de Setembro de 1904

Meu querido Mario,

Hontem li e reli o teu artigo acerca de *Esaú e Jacob*; das nossas conversações particulares e pela tua cartinha de 26 adivinhava a impressão que lhe deu o meu ultimo livro; o artigo publicado no *Jornal do Commercio* vem mostrar que a tua boa amizade não me havia dito tudo. Creio na sinceridade da impressão, por mais que ella esteja contada em termos altos e superiores ao meu esforço. Vê-se que penetraste o sentido d'aquellas paginas, que as leste com amor e sympathia, e esta ultima parte nasce de tanta coisa tua, mais ainda para quem já vae em pleno inverno. Ainda bem que lhe não desmereci do que sentia antigo. Se houvesse de compor um livro novo, não me esqueceria esta fortuna de amigo, que além lá fica no coração. Adeus, um abraço e até breve.

Machado de Assis

• A Joaquim Nabuco:

RJ/29/05/1882. Meu caro Nabuco. Há cerca de um mês que esta carta (...) Minha mulher agradece as suas recomendações e pede-me que lhas retribua. Pela minha parte, creio escusado dizer a afeição que lhe tenho, e a admiração que me inspira. A impressão que V. me faz é a que faria (suponhamos) um grego dos bons tempos da Hélade no espírito desencantado de um budista. Com esta simples indicação, V. me compreenderá. Adeus meu caro Nabuco. Você tem a mocidade, a fé e o futuro; a sua estrela há de luzir, para alegria dos seus amigos, e confusão dos seus invejosos. Um abraço do amigo do coração, Machado de Assis.

RJ/14/04/1883. Meu caro Nabuco. Esta carta devia ser (...) Antes de falar do livro, agradeço muito as suas lembranças de amizade, que de quando em quando recebo. A última, um retalho de jornal (...) E agora, passando a coisa de maior tomo, deixe-me dizer-lhe, não só que aprecio e grandemente as suas cartas de Londres para o Jornal do Comércio, como que os meus amigos e pessoas com que converso, a tal respeito, têm a mesma impressão. (...) Adeus, meu Nabuco, continue a lembrar-se de mim, assim como eu continuo a lembrar-me de V., e deixe-me apreciar o seu talento, se não posso também gozar do seu trato pessoal. Um abraço do amigo e adorador afetuoso, M. de Assis.

RJ/13/02/1899. Caro Nabuco. Respondo à sua carta. (...) Adeus, caro Nabuco, até à primeira, que não sei quando será, mas não deve ser muito tarde. Em todo caso não esqueça o velho amigo e admirador, M. de Assis.

RJ/10/03/1899. Caro Nabuco. (...) Agora, um pouco de nossa casa. A Academia não perde o seu orador, cujo lugar fica naturalmente esperando por ele (...) a cadeira é naturalmente sua. E por maior que seja a sua falta, e mais vivas as saudades da Academia, folgamos em ver (...) Adeus meu caro Nabuco, até à vista e, desde já, um abraço cordial. Velho amigo, M. de Assis.

RJ/31/10/1899. Meu caro Nabuco. Sei que V. tem passado bem, não menos que o nosso Graça Aranha, e a ambos envio, de cá, abraços e saudades. (...) e não esqueça o velho amigo, M. de Assis.

RJ/05/01/1902. Meu querido Nabuco. Vai esta, antes que V. deixe Londres, e primeiro que tudo deixe-me felicitá-lo por mais esta prova de confiança que recebe, assim do governo como do Brasil. (...) Agora a felicitação para o ano de 1902, que oxalá lhe seja feliz e próspero, como a todos os seus. (...) Adeus, meu caro Nabuco. A missão nova a que V. vai não lhe dará mais tempo do que ora tem para escrever aos amigos, mas V. sabe que um bilhete, duas linhas bastam para lembrar que tal coração guarda a memória de quem ficou longe, e fez bater ao compasso da afeição antiga e dos dias passados. (...) Adeus, meu caro Nabuco. Apesar da diferença da idade, nós somos de um tempo em que trocávamos as nossas impressões literárias e políticas, admirei seu pai, e fui íntimo do nosso Sisenando, a quem V. acaba de oferecer tão piedosamente o seu livro. Abrace de longe o admirador e amigo, M. de Assis.

RJ/05/10/1902. Meu caro Nabuco. Receba os meus pêsames pela perda de sua querida e veneranda mãe. (...) Felizmente, a digna finada viveu o tempo preciso para ver a glória do filho, depois da glória do esposo. (...) O velho amigo, Machado de Assis.

RJ/07/10/1903. Meu caro Nabuco. Demorei uns dias esta resposta (...) Demais, o prazer que traz a certeza de que me lê um amigo, dá vontade de continuar. Vá desde já o abraço do costume, enquanto o permitem estes velhos ossos do velho amigo e grande admirador, M. de Assis.

RJ/28/06/1904. Meu caro Nabuco. Já, com amigos comuns, lhe mandei os meus cumprimentos; o mesmo com a nossa Academia. Agora, pessoalmente, vão estas poucas linhas levar-lhe o cordial abraço do amigo, do patrício e do admirador. (...) Agradeço-lhe as lembranças últimas que tem tido de mim especialmente a derradeira mandada das ruínas do teatro grego e de uma de suas vistas. Assim me deu com lembrança de amigo o aspecto de coisas que levantam o espírito cá de longe e fazem gemer duas vezes pela distância no tempo e no espaço. (...) Adeus, meu caro Nabuco. Aceite ainda uma vez a afirmação do particular afeto do velho amigo, M. de Assis.

RJ/20/11/1904. Meu caro Nabuco. Tão longe, em outro meio, chegou-lhe a notícia da minha grande desgraça e V. expressou logo a sua simpatia por um telegrama. (...) Foi-se a melhor parte da minha vida, e aqui estou só no mundo. Aqui me fico, por ora na mesma casa, no mesmo aposento, com os mesmos adornos seus. Tudo me lembra a minha meiga Carolina. Como estou à beira do eterno aposento, não gastarei muito tempo em recordá-la. Irei vê-la, ela me esperará. (...) Aceite este abraço do triste amigo velho. Machado de Assis.

RJ/11/01/1905. Meu caro Embaixador. Deixe-me dar-lhe o título que já corre impresso. (...) Todos a aplaudiram, e os seus amigos juntamos ao aplauso geral aquele sentimento particular que V. ganhou e possui em nossos corações. (...) Releve-me, meu caro Nabuco, estas poucas linhas em momento que pedia muitas. Acordei um pouco enfermo, (...) receba um forte abraço, tão longo como a distância que nos separa. Você sabe que é sincero este meu gosto de o ver levantado pelo Brasil até onde merece a sua capacidade. Peço-lhe que apresente os meus cumprimentos à ditosa e digna Embaixatriz, e continue a amizade que há dado tantas e tocantes provas ao velho amigo, Machado de Assis.

RJ/24/06/1905. Meu querido Nabuco. Deixe-me agradecer-lhe a fotografia e a lembrança. Aquela é soberba, e esta é doce ao meu coração, já agora despojado da vida. Consolam-me ainda memórias de amigo, meu querido Nabuco. Esta aqui fica na minha sala, com as de outros íntimos. Adeus, meu querido Nabuco. Disponha sempre deste velho e triste amigo, que o conheceu adolescente e teve a boa fortuna de lhe ouvir as primeiras palavras, que fizeram adivinhar o homem brilhante que viria a ser um dia. Adeus, saudades do amigo de sempre, Machado de Assis.

RJ/11/08/1905. Meu caro Nabuco. Escrevo algumas horas depois do seu ato de grande amigo. Em qualquer quadra da minha vida ele me comoveria profundamente; nesta em que vou a comoção foi muito maior. Você deu bem a entender, com a arte fina e substanciosa, a palmeira solitária a que vinha o galho do poeta. O que a Academia, a seu conselho, me fez ontem, basta de sobra a compensar os esforços da minha vida inteira; eu lhe agradeço haver-se lembrado de mim tão longe e tão generosamente. (...) Adeus, meu querido amigo, ainda uma vez obrigado. Aceite um apertado abraço do Velho amigo, M. de Assis.

Nota: Nabuco havia escrito para Graça Aranha, referindo-se a Machado de Assis: "Devemos tratá-lo com o carinho e a veneração com que no Oriente tratam as caravanas a palmeira às vezes solitária do oásis".

RJ/07/02/1907. Meu querido Nabuco. Esta carta é breve, o bastante para lhe dizer que todos nós lembramos de V., notícia ociosa. (...) Não lhe peço que se lembre de mim, porque sei, com ufania e gosto, que nunca me esqueceu, e sempre quis ao seu velho admirador e grato amigo, M. de Assis.

RJ/07/07/1907. Meu caro Nabuco. (...) Não sei ainda a direção que dê a esta carta, se para a embaixada, se para Paris. Qualquer dos dois caminhos leva a Roma e lá achará o meu coração, como o seu está comigo. Velho admirador e amigo, M. de Assis.

RJ/08/05/1908. Meu querido Nabuco. Ainda estou comovido do abraço que em sua carta me mandou, e saudoso das mesmas saudades, mas não sei se animado das mesmas animações (...) Todos os nossos amigos vão bem. De mim já sabe e adivinha. Se V. cá vier ainda nos abraçaremos uma vez, como tantas outras, há tantos anos. Vá agora mais esta. Amigo do coração, M. de Assis.

P.S. – Muito obrigado pelo trecho de Mrs. Wright a meu respeito; há nela profunda simpatia. M. de Assis.

• **A Salvador de Mendonça:**

RL/24/12/1875. Meu caro Salvador. Recebi a tua carta e o teu retrato, o que quer dizer que te recebi todo em corpo e alma. A alma não mudou; é a mesma que daqui se foi. Mas o corpo! Estás outro, meu Salvador; renasceu-te a vida com a mudança, se é que não contribuíram principalmente para isso os tais lábios "cujo inglês parece italiano". Dou-te os parabéns pela saúde, pelos lábios e pelo exercício do consulado. Adeus, meu Salvador; muitos beijos em teus pequenos, futuros *yankees* e um abraço apertado do Teu Machado de Assis que te pede novas letras e te envia muitas saudades. Adeus.

RJ/15/04/1876. Não, meu querido Salvador, ainda que eu te mandasse agora uma carta de trinta ou quarenta folhas, não te daria ideia da surpresa que me causou a tua carta de 7 do mês passado: a maior e a mais agradável das surpresas. Quando a abri e contei as doze laudas da tua letra, cerrada e miúda, fiquei extremamente lisonjeado (...) Reli a carta, não só porque eram letras tuas, mas também porque (...) Sabes, se sou teu amigo; receberás daqui de longe o mais apertado abraço. Sê feliz, meu Salvador, porque o mereces pelo coração, pelo talento e pelo caráter. (Miss Mary namorou-se de teus olhos de corça. Quando li isto, reconheci que nunca me enganara a respeito de tais olhos; tu mesmo não sabes talvez o que eles valem. (...) Quando eu me lembro que, enquanto cogitava nos "lábios em que o inglês parece italiano", tu delineavas simplesmente um plano de casamento, não caio em mim! (...) Adeus, meu Salvador. Teu do coração, Machado de Assis.

RJ/07/09/1908. Meu querido Salvador de Mendonça. A tua boa carta trouxe ao meu espírito afrouxado não menos pela enfermidade que pelos anos, aquele cordial de juventude que nada supre neste mundo. É o meu Salvador de outrora e de sempre, é aquele generoso espírito a quem nunca faltou simpatia para todo esforço sincero. Tal te vejo há meio século, meu amigo, tal te vi nos dias da nossa primeira mocidade. Íamos entrando nos vinte anos, verdes, quentes e ambiciosos. Já então nos ligava a ambos a afeição que nunca mais perdemos. (...) A morte levou-nos muitos daqueles que eram conosco outrora; possivelmente a vida nos terá levado também alguns outros, é seu costume dela, mas chegado ao fim da carreira é doce que a voz que me alente seja a mesma voz antiga que nem a morte nem a vida fizeram calar. Abraça-te cordialmente, o teu velho amigo, Machado de Assis.

Lembremos, ainda, a sua correspondência com Mário de Alencar. Todos já ouviram falar do carinho que Machado de Assis dedicava ao rapaz, filho de José de Alencar. O moço era como se fosse um filho, para ele. As cartas trocadas entre os dois são inúmeras; referem-se à doença que os igualava – a epilepsia – e trocam informações sobre os remédios que ambos tomavam; falam, ainda, da Academia e de assuntos familiares. Em todas elas revela-se o carinho especial que ambos se dedicavam. Eis uma pequena amostra (20/07/1908):

> Aguardo o seu artigo amanhã; não escrevo mais por causa dos olhos, mas sempre há vista para acrescentar que os seus carinhos me vão animando neste final de vida. (...) Todo seu, Machado de Assis.

Assim nos diz Magalhães Jr.: "Mário era para ele o filho que não tivera. Amparava-o, para também se amparar nele, tendo-o mais perto de si, no seu triste fim de vida." Pois bem. Após a leitura de todas essas cartas, o leitor poderá aquilatar aquele magno coração. Ali está um Machado de Assis amoroso, delicado, uma alma que atraiu e reteve inúmeros amigos; deixamos de incluir as outras cartas para que não se alonguem as nossas considerações.

Continuemos.

Há trechos na correspondência entre o escritor e sua então noiva Carolina – poucas cartas foram divulgadas – que de uma maneira muito especial dá-nos uma amostra daquele coração puro e daquela alma amorosa e crente. Leiam comigo:

> RJ/02/03/1868 (...) A responsabilidade de fazer-te feliz é decerto melindrosa; mas eu aceito-a com alegria, e estou que saberei desempenhar este agradável encargo. Olha, querida; também eu tenho pressentimento acerca da minha felicidade; mas que é isto senão o justo receio de quem não foi ainda com-

> pletamente feliz? Obrigado pela flor que me mandaste; dei-lhe dous beijos como se fosse em ti mesma, pois que apesar de seca e sem perfume, trouxe-me ela um pouco de tua alma. Sábado é dia de minha ida; faltam poucos dias e está tão longe! Mas que fazer? A resignação é necessária para quem está à porta do paraíso; não afrontemos o destino que é tão bom conosco. (...) Depois... depois, querida, queimaremos o mundo, por que só é verdadeiramente senhor do mundo quem está acima das suas glórias fofas e das suas ambições estéreis. Estamos ambos neste caso; amamo-nos; e eu vivo e morro por ti. Escreve-me e crê no coração do teu, Machadinho.

No mesmo dia ele envia outra carta a Carolina:

> (...) Dizes que quando lês algum livro, ouves unicamente as minhas palavras, e que eu te apareço em tudo e em toda a parte? É então certo que eu ocupo o teu pensamento e a tua vida? Já mo disseste tanta vez, e eu sempre a perguntar-te a mesma cousa, tamanha me parece esta felicidade. Pois olha; eu queria que lesses um livro que eu acabei de ler há dias; intitula-se: *A Família*. Hei de comprar um exemplar para lermos em nossa casa como uma espécie de *Bíblia Sagrada*. É um livro sério, elevado e profundo; a simples leitura dele dá vontade de casar. Faltam quatro dias; daqui a quatro dias terás lá a melhor carta que eu te poderei mandar, que é a minha própria pessoa, e ao mesmo tempo lerei o melhor...

Ah, leitor amigo! Como esta segunda carta nos anima a pensar que Machado de Assis apreciava a Bíblia! Seu anelo era cumprir, cristamente, os preceitos divinos de uma vida familiar, rodeado pela esposa e pelos filhos, sem dúvida alguma. Mas estes, os filhos, o destino lhos negou... Veja o seu ressentimento, em cartas a Mário de Alencar:

> (...) O mal-estar de espírito a que se refere não se corrige por vontade, nem há conselho que o remova, creio; mas, se um

> enfermo pode mostrar a outro o espelho do seu próprio mal conseguirá alguma coisa. Também eu tenho desses estados de alma e cá os venço como posso, sem animações de esposa nem risos de filhos... (RJ/08/02/1908).
>
> (...) Sinto que também não esteja bom, e tenha um dos seus filhos doente; é o que sucede a quem os possui, para compensar a felicidade de os ter (RJ/06/08/1908).

Outra excelente prova da existência de ternura e amor incondicional naquela alma é o fato ocorrido entre Machado e um gatinho. Assim que D. Carolina faleceu, "não eram apenas os companheiros da Academia e os velhos amigos que buscavam consolá-lo. Sua solidão impressionava também às suas relações de vizinhança. Nesse círculo do Cosme Velho, todos se tinham habituado a ver o casal Machado de Assis sempre unido. E uma alma sensível – a jovem Alba Ribeiro de Araújo –, penalizada com a viuvez e a solidão do escritor, resolveu minorá-la, dando-lhe de presente um gatinho preto. Conhecida na intimidade pela alcunha de Mulatinha, embora tivesse feições finas e cabelo louro, Alba era filha do casal Fany e Armando Ribeiro de Araújo, vizinhos de D. Carolina e de Machado. Este, que a vira crescer, costumava saúda-la com a exclamação: "Ó flor mimosa!". O escritor agradeceu a delicada oferta de forma ao mesmo tempo comovida e original. Escreveu-lhe, não em seu nome, mas no do pequeno felino, uma carta bem humorada, que em vez de data, levava apenas o dia da semana em que fora escrita:

> Quinta-feira. D. Alba. Só agora posso pegar na pena e escrever-lhe para agradecer o obséquio que me fez dando-me de presente ao velho amigo Machado. No primeiro dia não pude conhecer bem este cavalheiro; ele buscava-me com palavrinhas doces e estalinhos, mas eu fugia-lhe com medo e me-

> tia-me pelos cantos ou embaixo dos aparadores. No segundo dia já me aproximava, mas ainda cauteloso. Agora corro para ele sem receio, trepo-lhe aos joelhos e às costas, ele coça-me, diz-me graças e, se não mia como eu, é porque lhe custa, mas espero que chegue até lá. Só não consente que me trepe à mesa, quando ele almoça ou janta, mas conserva-me nos joelhos e eu puxo-lhe os cordões do pijama. A minha vida é alegre. Bebo leite, caldo de feijão e de sopa, como arroz, e já provei alguns pedaços de carne. A carne é boa; não creio, porém, que valha a de camundongo, mas camundongo é que não há aqui, por mais que os procure. Creio que desconfiaram que há mouro na costa e fugiram. Quando virá ver-me? Eu não me canso de ouvir ao Machado que a senhora é muito bonita, muito meiga, muito graciosa, e encanto de seus pais. E seus pais, como vão? Já terão descido de Petrópolis? Dê-lhes lembranças minhas, e não esqueça este jovem, Gatinho preto.[14]

Bem. Continuemos as reflexões sobre a alma machadiana.

Se essas manifestações de amizade não bastassem para provar a sua grandeza, as homenagens ao escritor morto por si bastariam.

Quando Machado de Assis faleceu, também Olavo Bilac – e não somente Artur Azevedo, como vimos – prestou-lhe as suas homenagens na crônica dominical da *Gazeta de Notícias*:

> (...) Desse estudo e dessa análise, outro qualquer homem sairia desesperado e inútil para qualquer trabalho. Machado saiu deles desenganado, mas sereno. *E fez do seu desengano uma série de obras-primas, em que o ceticismo, pela graça de que se veste, chega a ser consolador como uma crença. (...) Ninguém ouviu da boca desse homem superior uma blasfê-*

---

[14] Publicado em fac-símile na *Revista da Sociedade dos Amigos de Machado de Assis*, n. 3, de 29 de setembro de 1959, p. 34-35 acompanhado de nota de José N. Santos, apud. Magalhães Jr. *Op. cit.*, p. 217.

mia, no transe acerbo. Tinha a dignidade de uma velha e nobre águia ferida de morte; e nessa dignidade morreu.

Pois bem. Nosso pensamento final inclui tudo o que dissemos até aqui. Sem dúvida alguma a literatura machadiana deixa entrever nas linhas filosofantes, no humor moralista, em certos perfis delineados nos contos e romances, nas crônicas reflexivas, enfim, na quase totalidade da obra, uma preocupação com o sentido da vida e com a posição do homem diante do Criador; ao mesmo tempo, aponta para uma ação messiânica e evangelizadora através da palavra. Isso basta para torná-la instrumento de conscientização da inutilidade da vida terrena. Cremos que o grande escritor, interessado em revelar a máscara humana em seus textos e ridicularizá-la – já que não podia supri-la ou suprimi-la –, sentiu e deixou transparecer que a falsa vivência religiosa é falta de coragem e não atestado de fé.

Cremos ainda que Machado, não tendo encontrado na sociedade a coerência religiosa que ela apregoa e hipocritamente diz vivenciar, procurou deixar para a posteridade (porque foi escritor consciente de sua missão) o testemunho da verdadeira vocação do homem, para a qual possamos ter sido criados: ser essência, e não aparência, uma vez que fomos moldados à semelhança de Deus. Os textos machadianos ultrapassam a corrosão na procura de alertar o homem para a verdadeira espiritualidade e não somente a verdadeira moral. Para nós, ele foi o missionário da palavra. Se não nos apresentou soluções, foi porque ele próprio não as encontrou, mas também não fez de sua literatura instrumento de propagação de falsas ideologias ditas religiosas.

Foi um homem à procura de acertos com a sua religião. Tentou acreditar. E, no fundo, acreditou! Ele somente não se deu conta dessa verdade: não é antirreligioso aquele que encontra inabilidade de *acreditar* em certos fatos sobre Deus e o homem, nos quais os seus antepassados acreditavam; antirreligioso é aquele que encontra inabilidade de *sentir* em relação a Deus e ao homem, como eles sentiam. *E ele sentiu*, sem dúvida alguma. Uma crença na qual a pessoa já não crê é algo que de algum modo ainda possa vir a acreditar; e ele nunca descartou essa possibilidade.

O leitor deverá estar lembrando-se, agora, da recusa de Machado ao sacramento da confissão ou da extrema-unção, à hora da morte. Sabemos disso. Suas palavras de repúdio impressionam. O fato, narrado por Francisca de Basto Cordeiro, como viram no primeiro capítulo deste livro, não nos encoraja a pensar o contrário de tudo o que dissemos até agora; pelo contrário, aquela recusa veio enriquecer a nossa suspeita. Calma, leitor benevolente, tentaremos explicar o nosso último ponto de vista.

Há uma crônica de Machado, contra o jornal *A Cruz*, datada de 25 de julho de 1864, que diz assim:

> (...) Na semana passada, a *Cruz* nos deu o modelo de um bispo. Querem os leitores saber o que é um bom católico? Diz a *Cruz*: – *"Um bom católico"* – Uma carta de Argel noticia que, no sábado anterior à morte do general Pélissier, duque de Malakof, recebeu ele a absolvição e a comunhão das mãos do bispo de Argel, sendo-lhe administrados os últimos sacramentos na véspera de sua morte. O que a *Cruz* diz do general Pélissier podia dizer igualmente de centenas de pessoas que morrem na comunhão da igreja e com todos os sacramentos, sem que, entretanto, fosse necessário adjetivar o substantivo – Um católico – era suficiente. Eu só compreendia a notícia da *Cruz* se acaso o ilustre general, nos últimos dias de vida, estivesse cercado de doutores judeus, maometanos e protestantes, armados de Talmudes, Corões ou Bíblias modificadas, procurando cada seita chamar o moribundo às suas doutrinas; se o general, nesta última Malakof, – muito mais brilhante que a outra, – ficasse fiel aos princípios da igreja, estava ex-

plicada a notícia da *Cruz*, e não só a notícia como o adjetivo. De outro modo não se compreende.

Ora, o que se depreende dessa reflexão de Machado é que, para ele, o general Pélissier poderia sim ser adjetivado de um bom católico, segundo a *Cruz*, se a ele lhe tivesse sido dado conhecer todas as outras crenças, e optasse por morrer na católica apostólica romana.

E a Machado? Foi-lhe dada essa oportunidade? Foi. Ele lia e estudava as religiões; mas por certo nenhuma foi bastante convincente ao seu espírito, a ponto de forçá-lo a crer nessa ou naquela doutrina; e por isso não foi hipócrita correndo atrás dos últimos sacramentos somente porque a morte se abeirava de seu leito. Porém, recusá-los não implicou repúdio à religião católica, por ela mesma. Foi a sua dignidade, a coerência de suas atitudes que o levaram a não atender ao pedido da afilhada. Não houve repúdio à crença, apenas humildade em não proceder como os demais, recorrendo aos padres (aqueles mesmos que, com suas atitudes anticlericais, contribuíram para afastá-lo da Igreja) no intuito de adquirir um passaporte para o céu. Não. Isso não. A maioria dos homens sem fé encontra paternalismo em alguma religião ou seita, no final de suas vidas, apenas para fugir aos seus temores e por necessidade de se assegurarem do prêmio do céu. Machado de Assis não teve essa atitude covarde. Quando tudo o mais lhe faltava, morreu como um bravo. Não pediu consolação a ninguém. Bravura na recusa não significa descrença no socorro, apenas grandeza de espírito.

Meus caros. Muito haveria que se dizer ainda. Mas seriam inserções teóricas que tratassem da fé, da religiosidade, da religião; seriam conceitos e divagações à luz da filosofia, da teologia, da psicologia e de outras ciências afins ao nosso propósito, aplicando-as aos preceitos católicos e à personalidade machadiana. E essa temática-base, de reflexões profundas, revestiria o nosso livro de características monográficas ou mais precisamente de tese. Não foi essa a nossa intenção. Queremos, apenas, homenagear o nosso ídolo literário na comemoração dos 100 anos de sua morte, tentando preencher uma lacuna no estudo de sua obra.

Parodiando Barbosa Lima Sobrinho,[15] deixamo-lhes a nossa mensagem final: *quando atribuímos à alma machadiana outros adjetivos, que não sejam os mais dignos, podemos estar certos de que ainda não a conhecemos.*

E se ainda não os arrebatamos ao nosso credo, caros leitores, pedimos ao grande Mestre da nossa literatura que encerre as nossas considerações:

> Nem todas as palavras têm eco em todas as cabeças, e há muitas noções diversas para um só e triste vocábulo. *Ergo bibamus.*[16]

[15] Apud. Astrojildo Pereira. *Op.cit.*, p. 204.
[16] *A Semana*. 20/12/1896.

Impressão e acabamento
Gráfica e Editora Santuário
Em Sistema CTcP
Rua Pe. Claro Monteiro, 342
12570-000 Aparecida-SP
Fone 012 3104-2000 / Fax 012 3104-2036